佛教總釋

བསྟན་པ་སྤྱི་འགྲེལ་ཞེས་བྱ་བའི་གསོལ་འདེབས།

Bstan pa spyi 'grel zhes bya ba'i gsol 'debs

A General Explanation of Buddha's Teaching

謹獻

經曰“六道衆生皆是我父母”。謹以翻譯此書的功德，迴向給此世、過去世、未來世一切父母，亦卽一切六道衆生。我誓願於三界火宅中，以身爲橋，令一切父母衆生安全渡河，直到我脊梁斷裂，落水命終；如此重複，窮三大阿僧祇劫不止。

譯者

Dedication

“All sentient beings are my fathers and mothers,” says the sutra. The merit of translating this book is dedicated to my fathers and mothers of this life, past lives and future lives; that is, to all sentient beings. As the Three Realms are like a forest fire with crossing the river as the only salvation, I vow to use my body as the bridge, to deliver all sentient beings to the safe side, until my back breaks and I fall into the river and die. I vow to repeat such act for eons with no end.

The translator

非營利

本書不以營利爲目的，其翻譯、寫作、編排、校對、流通皆由不支薪的覺囊志願者捐獻而成。本書已由譯者及善心人士出資助印，贈送各大圖書館收藏流通——讀者若無力購買，歡迎自行前往圖書館免費借閱，或聯絡譯者（seajayhan@gmail.com）安排捐贈。本書銷售若竟有盈餘，將全數用於助印佛書和捐助覺囊志願者網站日常運作。覺囊志願者（www.jonangdharma.org）的義工來自全球各地，全部爲自願無償性質，其宗旨爲數位化覺囊古籍、翻譯覺囊文獻、製作覺囊法義視頻、推廣覺囊教法，令覺囊派的勝義究竟法不至斷絕。各界若欲助印、購書、參與和支持覺囊志願者的法布施工作，請洽 jonangdharma@gmail.com。

Not-for-profit

This book is not intended for profit. It is made possible entirely by unpaid volunteers from Jonang Dharma Volunteers (www.jonangdharma.org). This book has been sent to many libraries as gifts, with all printing expenses paid for by the translator and donors. Readers who can't afford to buy the book are welcome to borrow it from those libraries for free, or contact the translator (seajayhan@gmail.com) for gifts. The balance of the book sale, if ever positive, will be donated to Jonang Dharma Volunteers. Jonang Dharma Volunteers is dedicated to digitizing and translating ancient Jonang literature, producing videos explaining Jonang Dharma, and printing Jonang books. If anyone would like to contribute to this line of work, buy books in bulk or help printing books, please contact jonangdharma@gmail.com.

目　錄

本書中文簡介

《佛教總釋》是藏傳佛教覺囊派最著名的祖師篤補巴所著，而覺囊派是藏傳佛教五大教派之一。篤補巴所傳的覺囊派教法曾經盛極一時，是藏傳文化的瑰寶。文獻記載：篤補巴說法時，會場樓梯被湧入群眾壓垮，僧侶們試圖用狗來嚇阻湧入的群眾卻不成功；在篤補巴將渡河離去時，有大批的群眾出於對篤補巴的敬仰愛慕，不捨其離開而跳入河中，意欲追隨，卻因不諳水性而險遭滅頂。雖然覺囊派教法可以說是世界級的文化遺產，但覺囊派論典被翻譯成漢文和英文的數量比起其他四個教派而言，卻少得不成比例——這對於廣大讀者來說，是很大的遺憾。這本《佛教總釋》的漢譯及英譯，彌補了這個遺憾。《佛教總釋》是篤補巴祖師完整闡述他空見之著作，也是篤補巴三大主要著作之第一部，在歷史地位和教法上，皆具關鍵的重要性。在篤補巴時代，覺囊徒眾人人皆會背誦《佛教總釋》，並曾以萬人高聲同誦的壯觀場面來護送篤補巴的行進行列。對一般讀者來說，相對於篤補巴另外兩部主要的作品《山法了義海論》和《第四結集論》，《佛教總釋》的字數不多，精簡扼要，容易閱讀，為入門的最佳選擇。對學者來說，《佛教總釋》過去雖有漢譯，但存在諸多不符合原文之處。故本次新漢譯，將舊漢譯、新漢譯與原藏文逐字比對，並將差異處詳盡標明，再加以解析和注釋，以利讀者查看。最重要的是，本書是篤補巴此作品第一次漢藏英三種語言逐字對照的系統性翻譯。不但如此，本書還對三個藏文烏金體版本（壤塘版、江孜版、北京版）逐字對勘和解說差異，盡最大努力排除所有可能出現於藏文手抄本上的手誤。 在本次《佛教總釋》的新英譯部分, 除了譯文本身之外, 還分別以英文作注釋(以方便不會漢文的讀者)以及以中文作注釋(以方便通英漢雙語的讀者)。 因此, 本書對一般讀者和學者來說, 都十分有價值。

若有任何指教, 歡迎來函: seajayhan@gmail.com

Short Introduction

A General Explanation of Buddha's Teaching was written by Dolpopa, the master of the Jonang sect, one of the five main sects of Tibetan Buddhism. The Jonang teaching disseminated by Dolpopa reached its peak of popularity in the 14th century. When Dolpopa spoke, the throng of listeners is said to have crushed the staircase of the lecture hall. The Jonang monks tried displaying large dogs in an attempt to scare away the people crowding the staircase, to no avail. It is also said that when Dolpopa was leaving Lhasa and about to cross the river, many desperate admirers jumped in the water to follow him, but couldn't swim and would have drowned if they hadn't been dragged out of the water by others.

Although the Jonang teaching in many ways reveals the Ultimate Reality more clearly than other sects, few Jonang doctrinal writings have been translated into English and Chinese, especially compared with the writings of the other four sects. The present translation attempts to make up for this unfortunate lack.

A General Explanation of Buddha's Teaching is Dolpopa's first work on his ground-breaking view of "Empty of Other," elucidating the core meaning of Buddhism. It is the only poem-style work among his three major works, and Jonang followers memorized it by heart. History has it that they once sent Dolpopa away with an awe-inspiring scene of tens of thousands of people reciting this work aloud in harmony, unrehearsed.

Compared to *Mountain Dharma* and *The Fourth Collection*, Dolpopa's other two major works, *A General Explanation of Buddha's Teaching* is most concise and easiest to read. It is the best choice for beginners.

For scholars, this is the first translation into English and Chinese simultaneously, with sentence-to-sentence fidelity among the three languages. Chinese is a major source language in Buddhist texts, but its cross referencing with Tibetan and English is regrettably lacking among traditional western Tibetologists. Therefore, this book is a long-sought-after rare gem. In addition, this book compares three versions of the Tibetan hand-written folios, and painstakingly marks every variation and misspelling, in order to help ascertain the true meaning of the text.

The English part has two sets of footnotes: one in English and one in Chinese. The former is intended for those who read only English, while the latter is meant for those with bilingual interest.

In summary, this book provides valuable information for scholars, and is a must-read for lay readers.

For further inquiries, please contact: seajayhan@gmail.com

1. 譯者序

《佛教總釋》是篤補巴第一部主要著作——橫空出世即已然完整涵括篤補巴餘生所有“他空見”作品之精義。“他空見”之震古爍今，為藏地乃至世界文化之瑰寶。因近年來，被掩埋數百年之覺囊派著作木刻版逐漸出土，此法義在歐美學者間，儼然成為藏學重點。本書與《山法了義海論》、《第四結集論》，並稱為覺囊派祖師篤補巴的三大著作（見下“重要性”第一項），其重要性可見一斑。

篤補巴的《佛教總釋》一書，駕“千載不作，淵源誰澂”之氣勢，完整含攝佛陀全部之教法——聲聞、緣覺、大乘和密乘無不賅備；非一時一地、一門一派之義理，故名“總釋”。能以僅僅二千餘字，直指究竟空性、樂空不二、平等雙運之基道果。雖小巧而無有遺漏，似簡略實巍然聳立；匯正流而浚義理，斷邪妄而朗慧日；讀誦思維修習其內容，即等同讀誦思維修習全部佛法大義，故為當時覺囊僧團人人熟記背誦。

篤補巴的《佛教總釋》不僅博大精深，更鮮明的特點是由淺至深，環環相扣：三轉法輪三乘菩提，次第分明邏輯緊密；重現佛陀說法嚴謹順序，無有一絲混淆的事實。再者，全書無一句空言玄語，每句話皆是可操作之義學。如此讓學人有所遵循，能拾級而上，直至圓滿究竟道果，而不會在浩浩渺渺的經藏中迷失方向。

《佛教總釋》的用字尤其堪稱一絕：情意真摯，沛然勃發；蒔芝蘭於大義，御靈妙於典奧。生動的意象和豐富的情感，躍然紙上。佛法深意，能如此呈現，令讀者淪肌浹髓，激弟子策勵精進，實乃論典中麟鳳龜龍之屬。凡讀誦此文者，莫不被篤補巴用心良苦所感動，乃至涕泗縱橫。種種因讀誦此文而集體大哭的例子，多見於文獻紀錄。

本次翻譯所依循之藏文版本：

本次翻譯由藏文譯為漢文及英文。藏文原文主要依據不丹原江孜木刻版，兼採四川壤塘木刻版和北京版。不丹印行的原江孜版，是從不丹百羅谷（Paro Valley）的祈楚寺（Kyichu）裡面發現的江孜印刷木刻板，以人工手抄而來，由lama ngodrup and sherab drimay在不丹百羅谷出版（Catalog information: reproduced from eye copies of prints from the rgyal-rtse rdzon blocks preserved at the Kyichu monastery in the Paro Valley, Bhutan）。四川壤塘版，是從四川壤塘寺（'Dzam thang; 壤塘為今覺囊派最大寺院）裡面發現的印刷木刻板手抄而成。北京版是覺囊學者昂旺云丹桑波堪布所選之覺囊法本集中所錄，在北京由民族出版社（mi rigs dpe skrun khang）出版（Catalog information: select writings by Jonang authors on various rituals, liturgies, and short practice texts used in Jonang monasteries. Compiled and arranged by Khenpo Ngawang Yonten Zangpo）。三藏文版本各有所長；大體來說，不丹原江孜版和四川壤塘版的手抄本最完整，但偶有錯漏；北京版省略掉的部分很多，但是使用現代印刷體，較容易閱讀。三版原文，以及逐字對比勘誤，列於附錄五：不丹原江孜版、壤塘版、北京版逐字比對。

其他譯本：

此書既存之漢譯本有二，英譯本有一：明朝漢譯本（以下簡稱“明譯”）、近代漢譯本以及2010年出版之賽勒斯·斯特恩斯（Cyrus Stearns; 以下稱斯特恩斯）英譯本。此三譯本與本譯文相互之間，意義有許多出入。例如，明譯有將整段大乘法義刪除的情事，英譯也有譯者自行增刪文字造成邏輯錯誤的情況。 近代漢譯本從用字上可以看出是本於明譯，只是稍加白話，故不予詳細討論。 總體來說，明譯和英譯本皆削弱原書大乘法義比重，或將大乘法義曲解為二乘法義；至於多字、少字，則所在多有。 本書逐字評析了明譯本，請見3-3)本漢譯與明譯比較。本書也評析了斯特恩斯的英譯本，英文注解請見4-2）Parallel comparison of the original Tibetan text and the English translation with the translator's annotations in English；中文注解請見4-3）Parallel comparison of the original Tibetan text and the English translation with the translator's annotations in Chinese。

這裡說明"明譯"一詞之"明"的由來，也就是年代考證： 此譯文見於八思巴的《大乘要道密集》，而八思巴為元代帝師，故有說此譯文應出現於元代。 但依照漢藏佛學史家沈衛榮先生考據，《大乘要道密集》裡面多篇文章其實為明代所譯，所以很可能八思巴也不是真正編者（見沈衛榮和安海燕所著之《明代漢譯藏傳密教文獻和西域僧團——兼談漢藏佛教史研究的語文學方法》）。 沈衛榮先生的根據是篤補巴弟子聶溫·袞噶白為此書所造之論（關於此論，詳見後"重要性"）之跋尾所記載的時間，是"陰水雞年仲夏月十五日" (Chu mo bya'i lo dbyar zla 'bring po'i tshes bco lnga)。 沈衛榮先生認為這間接說明《佛教總釋》（明譯為《總釋教門禱祝》）一書可能是明初翻譯成漢文的，並認為斯特恩斯將此"陰水雞年"認定為1322 年是不正確的，"應該指的是1393 年，即大明洪武二十六年"。 其中曆法推導，以及聶溫·袞噶白所造之論的時間與篤補巴之《佛教總釋》譯成漢文的時間的互相關聯，屬史學範圍，此處直接採納史家沈衛榮先生的說法，稱為"明譯"。

作者名譯法：

篤補巴（Dolpopa）以受具足戒時的戒名"喜饒·堅贊·帕桑波"ཤེས་རབ་རྒྱལ་

མཚན་དཔལ་བཟང་པོ (Sherab Gyaltsen Palsangpo; Shes rab rgyal mtshan dpal bzang po) 為本書署名。作者名在漢地，最廣為人知的譯法，有"篤補巴"和"朵波巴"，另外有"更欽篤補巴"、"篤布巴喜饒堅贊"、"攝囉監燦班藏布"等，也有循Shes rab rgyal mtshan 意譯為"智幢"。其英文譯名，因各作者所採用的"羅馬轉寫/拼音法"不同而有別。各依"依照藏文發音的羅馬拼音法"（Roman transcription），或"依照藏文拼字的羅馬轉寫法"（Roman transliteration），以及納入的名字成分多少，而有不同。而羅馬拼音法和羅馬轉寫法，其下又各有十幾種系統。依羅馬拼音法者有Dölpopa、Dolpopa Sherab Gyaltsen、Dolpopa Sherab Gyeltsen等。依羅馬轉寫法者，依據廖本聖先生的"西藏語文法"一書中，就列出十五種，但是實際文獻中出現者不止於此。個別學者甚至有自己專用的轉寫法，例如Jeffrey Hopkins就使用自創轉寫法。為免讀者困擾故，本書在羅馬轉寫法中，統一使用"威利轉寫法"（見譯者序中"藏文轉羅馬體轉寫法"）。

成書時序：

《佛教總釋》完整呈現貫穿篤補巴的餘生所有著作的法義宗旨，而且成書非常早。斯特恩斯及其他學者認為此書可能為篤補巴最早期的著作之一，理由是例如"他空"（གཞན་སྟོང; *gzhan stong*; other emptiness）、"自空"（རང་སྟོང; *rang stong*; self emptiness）和"一切根本本覺"、"一切基識"（ཀུན་གཞི་ཡེ་ཤེས; *kun gzhi ye shes*; universal-ground primordial awareness, basis-of-all consciousness, pristine wisdom）等篤補巴後期的用詞，出現於《山法了義海論》中，也出現於篤補巴大弟子之一聶溫・袞噶白為本書所作之專注《佛教總釋釋論——諸密意光明意之除暗》（關於此人和此書，見下"重要性"的第三項），而在《佛教總釋》中尚未出現。由此可見本書應為篤補巴的早期著作，時序在《山法了義海論》和《第四結集論》之前[①]。

重要性:

本書的重要性分成六點來說明: 篤補巴三大著作之一、篤補巴第一部他空見著作、唯一有弟子專書作注、官方紀錄、文字效果和覺囊僧人皆背誦。 以下分項說明:

第一,《佛教總釋》是篤補巴三大著作之一: 覺囊寺第二十一任住持高然巴·貢噶列巴(Sgo rum pa kun dga' legs pa; Sgo rum pa; Gorumpa Kunga Lekpa)的高徒蔣揚欽哲旺秋('Jam dbyangs mkhyen brtse'i dbang phyug; Jamyang Khyentsé Wangchuk)在1561年的傳記著作*Biography of the Venerable Lord Gorumpa*中, 紀錄了在1495年, 高然巴從覺囊寺第十八任住持南喀秋雍(Nam mkha' chos skyong; Chökyong)手中接下覺囊派教法著作時, 特別尊崇《佛教總釋》、《山法了義海論》和《第四結集論》三部著作[②]。

第二,《佛教總釋》是篤補巴第一部他空見著作: 本書是目前可得文獻中, 篤補巴第一次完整呈現他空見。 其系統性(三轉法輪和三乘菩提無有遺漏)和革命性(對於當時的藏傳佛教流派來說)所顯示的天才洋溢和橫空出世, 在當時造成巨大震撼。

第三,《佛教總釋》是篤補巴唯一有弟子專書作注的著作: 本書是篤補巴所有著作中, 唯一在後世有弟子以獨立著作專門為注的著作, 此

---

① 見斯特恩斯著*The Buddha from Dolpo*一書。

② 同上。

注就是前面提到的篤補巴大弟子之一聶溫·袞噶白所著之《佛教總釋釋論——諸密意光明意之除暗》。由此可見本書在覺囊派中的重要性。聶溫·袞噶白（Nya Ön Kunga Pal, Nyaon Kunga Bal, Nya dbon Kun dga' dpal, 1345-1439）曾為覺囊寺主（篤補巴→喬列南杰→聶溫·袞噶白），世壽甚長，薩迦派大師仁達瓦及格魯派宗師宗喀巴曾於其座下修學。聶溫·袞噶白的注釋，藏文書名全名為 བསྟན་པ་སྤྱི་འགྲེལ་ཞེས་བྱ་བའི་གསོལ་འདེབས་ཀྱི་རྣམ་བཤད་དགོངས་པ་རྣམ་གསལ་ཡིད་ཀྱི་མུན་སེལ། (*Bstan pa spyi 'grel zhes bya ba'i gsol 'debs kyi rnam bshad dgongs pa rnam gsal yid kyi mun sel*)。書名簡稱有兩種，第一種是*Bstan pa spyi 'grel yid kyi mun sel*，第二種是*Dgongs pa rnam gsal yid kyi mun sel*。此書尚無漢譯，本譯文的注釋中少量使用到此書處，皆為本譯者所暫譯。書名的漢譯，在沈衛榮和安海燕所著之《明代漢譯藏傳密教文獻和西域僧團—兼談漢藏佛教史研究的語文學方法》中，以藏文全名為本，譯為《總釋教門禱祝釋論——諸密意光明意之除暗》；沈衛榮的《〈大乘要道密集〉與西夏、元朝所傳西藏密法——〈大乘要道密集〉系列研究導論》中，以第一種簡稱為本，譯為《總釋教門——意之明燈》；斯特恩斯以第二種簡稱為本，英譯為*Removing Mental Darkness to Illuminate the Intention*，漢譯為“除心障以明真義”（本譯者暫譯）。

第四，官方紀錄顯示《佛教總釋》名聲遠播：扎失朵兒只（Bkra shis rdo rje; Tashi Dorjé）留下了索取聶溫·袞噶白所著之《佛教總釋釋論——諸密意光明意之除暗》一書之紀錄，可見本書當時的聲名已遠播①。此名為“扎失朵兒只”的人，就是曾被元朝授予“和林國師”的佛教法師，又稱“朵兒只怯烈失思巴藏卜”（Rdo rje bkra shis dpal

① 見斯特恩斯著*The Buddha from Dolpo*一書。

bzang po）。 他在元朝敗退到蒙古草原後，又在明朝於1374年接受新稱號“都綱副禪師”[①]。 此索書紀錄，足證本書在1374年前，名聲已經從藏地傳揚到中原和蒙古。

第五，《佛教總釋》用字優美而震撼：本書以禱詞體著成，推測是篤補巴在深沉祈禱中所得之啟發。 篤補巴十四大弟子之一的嘎容巴·拉堅贊（Gharungwa Lhai Gyaltsen）所著的《覺囊法主傳》（本譯者暫譯；英文為*Biography of the Dharma Lord of Jonang*）中，紀錄了當時篤補巴和其他人在誦讀此禱詞時，熱淚盈眶：

> བླ་མ་ཡི་དམ་དབྱེར་མེད་ལ་གསོལ་བ་འདེབས་པ་བསྟན་པའི་སྤྱི་འགྲེལ་ ... ལ་སོགས་པའི་གསོལ་འདེབས་
> ཁྱད་པར་ཅན་མཛད་པ་ལྟར་གསོལ་བ་དྲག་ཏུ་བཏབ་པའི་མཐར་སྤྱན་ཆབ་ཆར་བཞིན་དུ་
> འབབ་ཅིང་། ཁྱེད་མཁྱེན་ཁྱེད་མཁྱེན་ཞེས་ཕུར་ཚུགས་སུ་གསོལ་བ་གསོལ་བ་འདེབས་པ།
>
> bla ma yi dam dbyer med la gsol ba 'debs pa bstan pa'i spyi 'grel ... la sogs pa'i gsol 'debs khyad par can mdzad pa ltar gsol ba drag tu btab pa'i mthar spyan chab char bzhin du 'bab cing / khyed mkhyen khyed mkhyen zhes phur tshugs su gsol ba 'debs pa /
>
> 漢譯（本譯者譯）：用他所著之殊勝祈願文，比如向上師及某些一真神祇祈願的《佛教總釋》熱切祈願後，他淚如雨下，口中深情迸出：“您知！您知！”

聶溫·袞噶白在《佛教總釋釋論——諸密意光明意之除暗》中說到，

---

① 見沈衛榮、安海燕著《明代漢譯藏傳密教文獻和西域僧團——兼談漢藏佛教史研究的語文學方法》。

篤補巴造此書的動機，乃為致力修習甚深佛道之人，非為喜讀經論樂求多聞之人。他又說，本書呈現的究竟教法，在甚深禪定下誦讀時，可以獲得甚妙道果。所以本書既是佛陀教法解釋，亦是禱詞，更能產生"總持咒"的持誦效果。對於實修者來說，本書雙俱解脫和成佛的實質意義。因此，本譯文不論是漢譯部分或英譯部分，第一節皆為"無注釋"的單純本文版本，即為保持畫面純淨，方便欲讀誦受持的讀者；這也是本書校對過程中多位良師益友的建議，在此一併感謝。

第六，覺囊僧人皆背誦：篤補巴在世時，覺囊派弟子皆背誦此文。嘎容巴·拉堅贊的《覺囊法主傳》中描述：1360年篤補巴即將離開客居地拉薩，回到覺囊時，拉薩眾人不捨，於篤補巴途中的西藏那曲的比如縣（Garchung Gedyé; Biru Zong; *'bri ru rdzong*）攔轎，"整個江塘（Gyang）平原人滿為患，僧團必須手牽手保護其轎，才得前進"；同樣情況一直持續到楚卡（Chukha）。又，於雅魯藏布江的北岸，篤補巴即將過江時，"僧團齊聲高誦《佛教總釋》，眾人悲痛欲絕，群眾聲嘶力竭，昏厥於地，不省人事；篤補巴上船渡河時，多人跳入水中，意欲追隨，卻不諳水性，幾乎溺斃，需他人救起。"此事件揭示當時僧團人人背誦《佛教總釋》，凸顯本書於覺囊僧人心中的地位。

章節編排：

本譯文主要依據不丹原江孜版而來，故在譯序之後，首先列出不丹原江孜版原藏文刻板全貌，以饗讀者。參考比對用的壤塘版和北京版原藏文刻板，則列於附錄三和附錄四。

本譯文主體分成漢譯和英譯兩章，每章再分為三節：

漢譯三節: 第一節, 純粹篤補巴的本文漢譯: 方便希望持誦的讀者, 不受藏文和注釋的視覺干擾, 也不需要常常翻頁; 第二節, 藏漢對照和注釋: 是頁數和查證資料最多的部分, 供想要知道更多相關知識的讀者使用; 第三節, 本譯文和明譯對比解析: 明譯有諸多漏譯錯譯之處, 有在語意上把篤補巴的生動活潑翻成乏味無趣, 此屬情節輕微; 但還有導致大乘法義的缺損, 或大乘法義被翻譯成二乘法義之處, 此乃情節嚴重。 此種現象其實不是單一事件, 而是常見於唐朝之後的漢譯。 翻譯上的"去大乘化" 現象, 後當專文比對, 在此先呈明譯之缺漏評析, 供讀者參考。

英譯三節: 第一節, 純粹篤補巴的本文英譯: 同於漢譯的第一小部分, 方便不想受藏文和注釋干擾的英文讀者; 第二節, 藏英對照, 加上英文注釋: 對象為只能讀英文, 不能讀漢文的讀者; 第三節, 藏英對照, 加上中文注釋: 此處中文注釋, 與漢譯部分的中文注釋內容不同, 主要以中文解說英譯選字的細節, 以及和斯特恩斯英譯比對的評析。 對象為能讀中文和英文, 又對於翻譯選字過程、斯特恩斯英譯和本譯文的差異處有興趣的讀者。

附錄一為參考書目; 附錄二為明譯現存的版本; 附錄三和四如上述, 為壤塘版和北京版原藏文; 附錄五為不丹原江孜版、壤塘版和北京版三版逐字比對, 並將有出入處以紅色標明。 三版有出入處, 大多在漢譯的注釋中一一解釋說明, 除了無任何意義的筆誤、格式不同、標點差異等等之外。

藏文書名:

本書藏文書名為 བསྟན་པ་སྤྱི་འགྲེལ་ཞེས་བྱ་བའི་གསོལ་འདེབས། (*Bstan pa spyi 'grel zhes bya ba'i gsol 'debs*)，或簡稱 བསྟན་པ་སྤྱི་འགྲེལ།（*Bstan pa spyi 'grel*）。藏文書名的來源，可能是來自覺囊創教者 ཀུན་སྤངས་ཐུགས་རྗེ་བརྩོན་འགྲུས།（袞蚌·圖杰宗哲; Kunpang Tukje Tsongdru; Kunpang Tukjé Tsöngdrü; Kun spans Thugs rje Brtson 'grus; kun spangs thugs rje brtson 'grus）所著的 བསྟན་པ་སྤྱིའི་འགྲེལ།（*Bstan pa spyi'i 'grel*）一文（或作 *Bstan pa Spyi'i 'Grel pa*，見 E. Gene Smith著之*Banned Books in the Tibetan Speaking Lands*）。篤補巴對於此文極為肯定，故十分可能沿用此名，以示對袞蚌·圖杰宗哲的尊敬和追想。這個論點，在 ཞ་ལུ་བློ་གསལ་བསྟན་སྐྱོང་།（Shalu Losel Tenkyong; Zhwa lu Blo gsal bstan skyong）所編纂之 *Catalogue of Works in the Puntsok Ling Printery*中有詳細的說明。

書名漢譯“佛教總釋”：

此書藏文簡略書名為*Bstan pa spyi 'grel*，逐字直譯為“*bstan*：佛之教導；*spyi*：總括、貫通；*'grel*：解釋”，總覽即“佛教總釋”。藏文完整書名為*Bstan pa spyi 'grel zhes bya ba'i gsol 'debs*，此於簡略書名之上再加“祈禱文”，意為“佛教總釋祈禱文”。本譯文的漢譯書名，為求精簡達意，方便讀者，採用簡略版“佛教總釋”。以下玆列出全部現存譯法（包括日文漢字），摘錄部分來源，並略作比較，供讀者參考。一，“佛教總釋”：有桑周扎喜的《法音》：“另外還有薩迦派的薩班·貢噶堅贊和郭然巴·索南僧格的論典，以薩迦派為主的一些比較主要的講述；覺囊派篤補巴·喜饒堅贊的《了義海》、《第四次結集》、《佛教總釋》等”；有宮本神酒男的《ドルポから來たブッダ》：“ドル（Dol）版注釈によって細部を確定したあと、ドルポパは本質的な意味に関する釈論に取り組み、馬車方式を用いてあきらかにした。『了義の海』（*Nges don rgya mtsho*）、『仏教総釈』（*bsTan pa spyi 'grel*）、『第四集結』（*bKa' bsdu bzhi pa*）などの著作がそうである”；另外還有

蒲文成的《青海佛教史》和任繼愈的《中國佛教史》。二,"佛教總釋祈禱文":有許得存的《覺囊派教法史》:"當時,他見到《佛教總釋祈禱文》,感戴更欽篤補巴大師,來到覺囊寺跟從篤補巴大師學習"。三,"總釋教門禱祝":此譯法見於八思巴所編的《大乘要道密集》中,譯本全文請見附錄二:《佛教總釋》明譯。四,以上三種現存漢譯書名,各有優點,本譯文採用最常見的"佛教總釋"。

書名英譯 ***A General Explanation of Buddha's Teaching*****:**

其中有兩個字要特別說明:第一、藏文འགྲེལ (*'grel*) 可英譯為comment, commentary, interpretation, elucidation, explanation等字,但各英文字的偏重有所不同。"comment" 偏重"評點、表示個人意見",例如記者訪問政治人物是否有話要說,就是問有沒有"comment";"commentary" 偏重"議論、注釋",例如報紙上的社論方塊,或某本書逐行逐段注釋的"疏";"interpretation" 偏重"詮釋",屬於用另一種說話方法或譬喻,來將原文沒有明說的意思,按照詮釋者的意思說出;"explanation" 和"elucidation" 則偏重"解釋",也就是忠於原文意思,只是用更淺顯易懂的文字,把難懂的文字解釋清楚,而兩者中"elucidation" 偏咬文嚼字,"explanation" 則為直接了當。篤補巴此篇文章,是"解釋"三轉法輪三乘菩提的佛陀教法,並不是"注疏",也不是"議論",故本譯者認為"explanation" 最符合事實,也最簡單易懂。第二,藏文བསྟན་པ (*bstan pa*) 一字可英譯為 treatise, doctrine, scripture, demonstration, exhibition, teaching 等等,字義各有不同偏重。仔細審閱,會發現篤補巴此篇不是在解釋某個"treatise"(論),某種"doctrine"(法義),某種"demonstration、exhibition"(展示),而是在解釋佛陀的"teaching"(教法)。因此,書名的意思應該近乎"A General Explanation of the Teaching"。但對於篤補巴來說,"teaching"(教法)只有一種，就是“佛陀的教法”，所以不需要加任何形容詞；而對於英語讀者來說，光“teaching”一字直接會聯想到其他的教法，比如基督教和世俗法。為幫助英語讀者一目了然，本書名之英譯加上“Buddha's”（佛陀的）而成為“A General Explanation of Buddha's Teaching”。現存的書名英譯有斯特恩斯的“A General Commentary on the Doctrine”，中文意為“對法義的通盤注解”。

譯法原則及關鍵詞彙說明：

本譯文所採用的漢語詞彙，力求忠實於覺囊法義，故以覺囊文獻的用法為最高準則，次以關聯性較低的藏密文獻用法佐之，最後參考關聯性更低的漢地經論用法。本文詞彙譯法參考以下資料：班班多杰所著《〈山法了義海論〉所引佛教經論藏漢譯文比較研究》、楊杰所譯多羅那他之《甚深義之二十一差別論》、謝皓玥所譯斯特恩斯之《朵波巴：攝囉監燦與他空見在藏地的起源》（*Dol-po-pa Shes-rab rgyal-mtshan and the Genesis of the Gzhan-stong Position in Tibet*）、安海燕所譯大衛·賽福特·魯埃格（David Seyfort Ruegg）著之《覺囊派：一個佛教本體論者的教派——據〈宗義書水晶鏡〉》（*The Jo nang pas: A School of Buddhist Ontologists According to the Grub mtha' shel gyl me long*）、杰佛瑞·霍普金斯（Jeffrey Hopkins）所譯多羅那他之*The Essence of Other-Emptiness*，及釋如石、談錫永等人之相關著作（見附錄一：參考書目）。某些覺囊派之藏文詞彙，目前各前輩譯者翻作不同英文字或中文字的情況十分常見，尚無統一，散見本文中注釋。本譯文選用譯例時，原則上以“最常見通用”及“最符合上下文意”為主，以“詩歌體之對仗優美”、“字數精簡”為輔。

茲以"善逝如來藏"一詞為例說明: བདེ་བར་གཤེགས་པའི་སྙིང་པོ(*bde bar gshegs pa'i snying po*), 英文翻作sugatagarbha 或sugata essence。*sugata* 為梵文, 直譯是"善逝", 為佛十號之一, 所以也指如來。梵文*garbha*, 對應英文 essence、store、storehouse、matrix等, 譯為藏、含藏、本質、本體。"善逝"二字, 見於梵譯漢作品, 尤其更常見於藏譯漢作品。梵譯漢者, 如玄奘譯《辯中邊論》, 開頭兩句: "稽首造此論, 善逝體所生"。藏譯漢者, 如班班多杰所著之《〈山法了義海論〉所引佛教經論藏漢譯文比較研究》中將*bde bar gzhegs pa'i snying po*譯為"善逝如來藏"。許得存所著之《中觀他空思想要論》, 以及摧魔洲尊者造, 許錫恩所譯之《寧瑪派次第禪——大圓滿立斷教授 · 淨治明相 》中, 將sugatagarbha 譯為"善逝藏"。許明銀所譯之章嘉宗義書《中觀派章》中, 說"一切眾生具有善逝藏(sugatagarbha)", 也是將sugatagarbha譯作"善逝藏"。在覺囊寺第二十八任住持Tāranātha(多羅那他)所著的《他空見要義》中(見*The Essence of Other-Emptiness*一書, 第93頁, Jeffrey Hopkins譯), 指出: "Matrix-of-One-Gone-Thus, Matrix-of-One-Gone-to-Bliss, and Buddha-matrix are equivalent."(如來藏、善逝藏和佛藏, 三者為一)。這裡的Matrix-of-One-Gone-Thus即是"如來藏"(藏: *de bzhin gshegs pa'i snying po*; 梵: *tathāgatagarbha*), Matrix-of-One-Gone-to-Bliss 即是"善逝藏"(藏: *de bar gzhegs pa'i snying po*; 梵: *sugatagarbha*), Buddha-matrix即是佛藏(藏: *sangs rgyas kyi snying po*; 梵: *buddhagarbha*)。所以, 既然在藏密中, 尤其是覺囊派他空見法義文獻中, 三者為一, 而以"善逝"二字為最常見, 又因"如來藏"又為近代文獻中最廣為採用的詞彙, 本譯文為兼顧上述各項原因, 擇字採用"善逝如來藏"。班班多杰所著之《藏傳佛教史上的"他空見"與"自空見"(續)——論藏傳佛教的思想特點及理論淵源》中的“自空中觀與他空中觀之淵源”一段裡說到:“他們認為,佛陀在毗舍離城三轉法輪時以大乘種性之上根徒眾為對象,講說分別勝義,究竟諸法本性,法性光明,善逝如來藏,不退了義等,這就是‘他空中觀見’”,即為一相當具有代表性的“善逝如來藏”譯法在覺囊文獻中的用法實例。

藏文轉羅馬體轉寫法:

本書所採用的藏文轉羅馬體轉寫法,是學術界最廣為接受的威利轉寫法(Wylie transliteration);但若所引文章來源的作者所用的不是威利轉寫法,則採用作者的用法,以表示尊重,或與威利轉寫法並列。讀者可能比較熟悉的某些俗成轉寫法,在必要處(通常是人名和地名)也並列。即使都是用威利轉寫法,但因為威利轉寫法不規定大小寫,所以不同作者的不同文獻還是有些微不同,例如Dol po pa Shes rab Rgyal mtshan和dol po pa shes rab rgyal mtshan。藏文字母沒有所謂的大小寫,但許多英譯者沿用英文習慣,將人名和書名中的第一個藏文轉寫羅馬字母加以大寫,此已儼然成為英文文獻中羅馬轉寫法之主流,故本譯文從眾採用之。

感謝:

感謝著有《新譯梵文佛典:金剛般若波羅蜜經》的佛學翻譯大師許洋主老師和美國哈佛大學的Stephen Larsen教授在佛學翻譯和英文部分的協助,感謝仁青東智(རིན་ཆེན་དོན་འགྲུབ།)先生、西藏藏文古籍出版社編輯雄努洛桑先生和所有編輯們在藏文部分的協助。感謝一切在標題、章節、編排、內容、校對上給予建議和協助的師長及同伴。

2.《佛教總釋》藏文圖片——不丹原江孜版

此版為本譯文主要所依；比較起其他兩版，此版抄錄比較完整。其中有破損、錯漏處，由其他二版補齊。一般如果只是不發音的前加字母、上加字母等錯處，以筆誤處理。破損處的補字選擇參考上下文意，以及斯特恩斯的英譯。

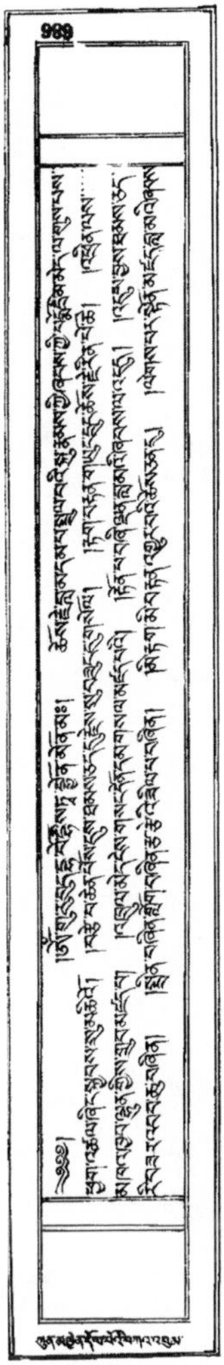

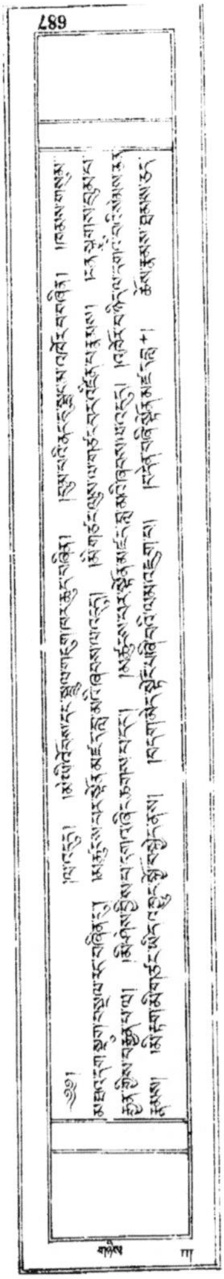

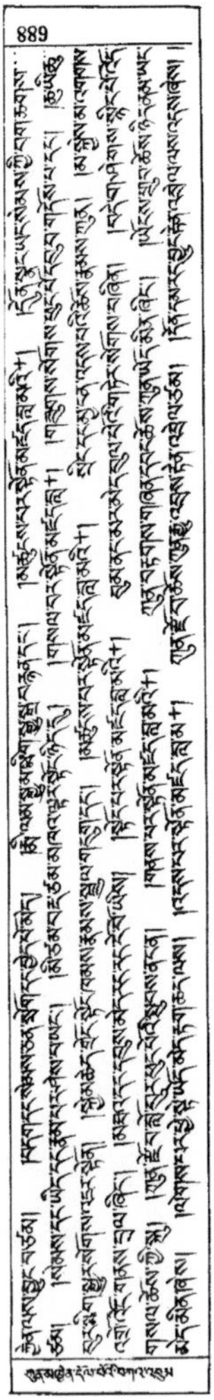

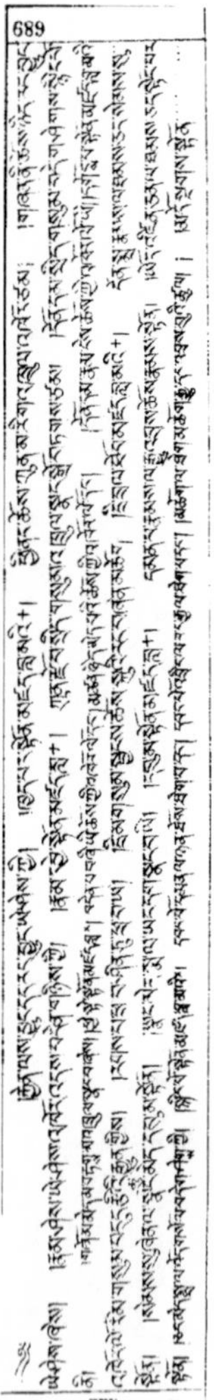
689

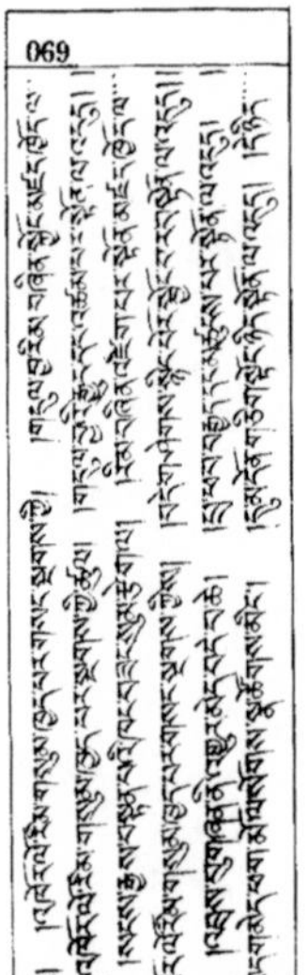
690

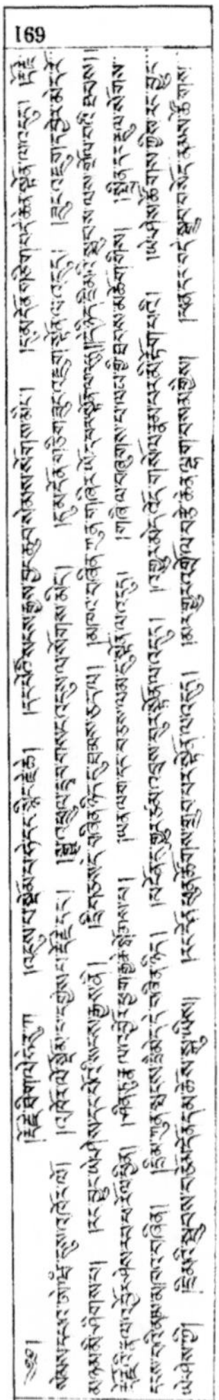
691

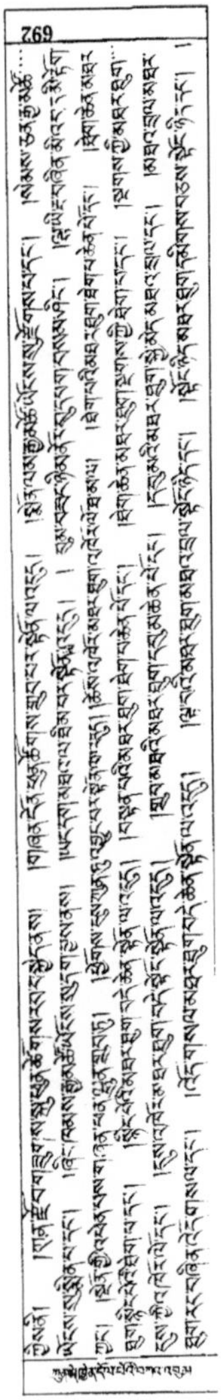

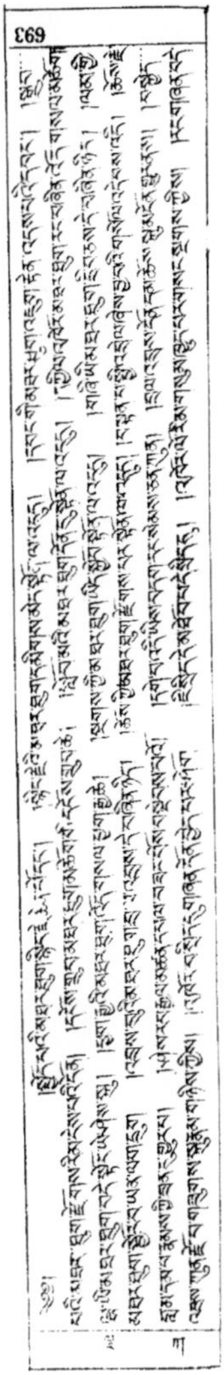

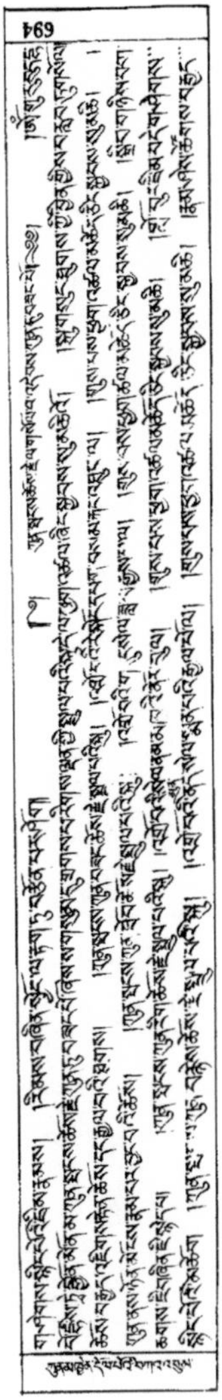

3.《佛教總釋》漢譯

3–1) 漢譯，無注釋

唵 咕嚕布怛菩提薩埵毗喝優南無那麻
（唵! 禮敬上師、世尊、諸大菩薩! ）

法主、殊勝上師、應化身之無垢蓮足!
恭敬頂禮五體投地皈命!
祈求一切時地以大慈攝受我!

常固不變珍貴法主仁波切,
遍入任運自在成就,
灼然開示無謬勝義決定密。
頭面禮足具足四法依之上師!

一切有為法, 如峻嶺瀑、
如雲、如電、亦如草尖露,
無常、不固、變異。
頭面禮足如是正授之上師!

如火坑燒灼、如毒蛇噬齧,
亦如蜜蜂繞壺內,

三界自性悉皆苦。
頭面禮足如是教導之上師!

染垢色身執為淨,
如童愚貪愛外表嚴飾,
卻內藏吐穢之瓶。
頭面禮足如是教導之上師!

令貪愛輪迴的有情眾生,
對無常和不淨生起厭離和憂悲;
令其修習無我空寂之道。
頭面禮足教導四聖諦之上師!

一切諸法但從緣生,
無我、無眾生、無壽者、無作者。
如夢、如幻、如陽焰、如谷響。
頭面禮足如是教導之上師!

境相顯現似有,
實僅自心習氣;
心、意、識:
不過唯名、唯施設,空如虛空。
頭面禮足如是清楚教導之上師!

教導色等蘊,
如泡、如沫、如陽焰等;

十二處如空城、十八界如毒蛇。
頭面禮足如是教導之上師!

輪迴涅槃一切法,
不生、不滅、不去、不來、不住,
離邊離中, 各無自性。
頭面禮足教導此空性之上師!

如瓶中藏明燈; 如窮人懷珍寶——
善逝如來藏、明光法身,
存於世俗諦及客起之諸蘊內。
頭面禮足教導如是安住之上師!

遍計執及依他起之一切諸法皆非有,
但圓成法性本非無;
明辨有、無、常、斷。
頭面禮足教導如是超越[兩邊]之上師!

世俗諸法皆僅從因果緣起而生,
但本來自在之勝義諦超越緣起;
分別緣起法和自在本覺間的差異。
頭面禮足教導如是慎辨之上師!

內外諸法不過是無明迷謬輪轉,
而餘者為法性、自在本覺;
區別識、智、輪、涅, 及世俗、勝義二諦之差異。

頭面禮足教導如是分別之上師!

世俗三界不過是迷謬增益幻相,
然勝義三界、善逝如來藏,
則為不壞、不妄、不謬之相。
頭面禮足教導如是區分之上師!

四聖諦法輪義、
無相法輪義、
勝義決定法輪義。
頭面禮足教導此意旨之上師!

以三轉法輪甘露流,
次第洗淨三種粗、細、極細染污後,
令得上妙離垢自性法身。
頭面禮足如是堪能之上師!

教導認外境實有者: 一切唯心;
教導執著心者: 無相中觀;
教導已接受無相者: 實相中觀。
頭面禮足如是教導之上師!

教導下根者: 因果之法;
教導執有者: 諸法皆空;
教導說空者: 明光善逝如來藏。
頭面禮足如是教導之上師!

教下根者: 聲聞乘;
教中根者: 緣覺乘;
教上根者: 上妙乘中因果之經、咒。
頭面禮足如是教導之上師!

如父母依成長次第教護嬰兒、少年、青年,
依三轉法輪的次第, 尤其依密咒,
教護弟子。
禮敬如是利行的您!

又依弟子下中上根而因材施教,
如同依三轉法輪的次第,
尤其依真言。
禮敬如是教導可化眾生密續的您!

如同攀登至三層殿宇之巔,
佛法三轉法輪之三層殿宇, 尤其是密咒,
須漸次攀登。
禮敬如是教導的您!

如珠寶匠次第蠲除珠寶上之三層垢穢,
依三轉法輪次第清淨善逝如來藏,
尤其依密咒。
禮敬如是教導的您!

善逝如來藏有他因他果。

他因即是明光空性相,
他果即是不變大樂;
似八圓光卜相。
禮敬如是教導的您!

密、大密、空大、那錯由姆;
諸法之源、蓮花、婆伽、獅子座;
金剛無我母及金剛亥母,
種種名稱, 唯有一義: 空性。
禮敬如是教導的您!

如金剛、明點、嘿嚕嘎、聚集;
律儀、嘿、大悲、本初佛、菩提心,
種種名稱, 唯有一義: 大樂。
禮敬如是教導的您!

金剛薩埵、如、時輪、勝樂金剛、
喜金剛、幻網金剛及密集金剛,
種種名稱, 唯有一義: 雙運。
禮敬如是教導的您!

雙運、不可分、平等味、不可壞之
自在本覺、本初佛,
即有垢真如, 遍一切處;
其如天空, 是為一切根藏阿賴耶。
禮敬如是教導的您!

此正是能離染垢覆蓋之方便：
依金剛六支瑜伽、圓滿智慧般若波羅蜜、
阿底瑜伽大圓滿及各支大手印修習為法道。
禮敬如是教導的您！

基中本存勝妙道；
如無雲塵之晴空。
實證染污盡除後之無垢真如不過是果。
禮敬如是教導的您！

不變明光是無分別的。
以具足智慧摧毀自在本覺上之染垢，
勝義法身成就圓滿自利。
禮敬如是教導的您！

對迷途無知者生起廣大慈悲增上意樂，
成就利益和喜樂之功德聚，
普生圓滿世俗二色身，
成就圓滿利他。
禮敬如是教導的您！

圓滿成就一大海的祈願，
圓滿成熟一大海的有情，
圓滿清淨一大海的淨土後，
自身融入真際。
禮敬如是教導的您！

如同如意寶瓶、太陽、珠寶、滿願樹、聖鼓,
不由功用, 亦無需作意,
由夙願力故, 隨時隨地任運利眾。
禮敬如是教導的您!

究竟法輪是終轉法輪;
究竟乘是大乘;
究竟大乘是藏乘;
究竟藏是大樂。
禮敬如是教導的您!

究竟法義是大乘;
究竟大乘是密乘;
究竟密教是時輪;
究竟時輪是樂空。
禮敬如是教導的您!

究竟宗義即大中觀;
究竟中觀即無生離邊;
究竟離邊即自性明光;
究竟明光即大樂。
禮敬如是教導的您!

究竟見即離邊之空性;
究竟空性即有所緣之空性;
究竟行即大悲;

究竟大悲即無所緣。
禮敬如是教導的您!

究竟灌頂即出世灌頂;
究竟正行即圓滿次第決定義;
究竟成就即大妙成就。
禮敬為利益究竟弟子如是教導的您!

究竟壇城即自性妙明;
究竟本尊即樂空智身;
究竟印即明光大手印;
究竟咒則保護心意。
禮敬如是教導的您!

究竟基即有垢真如;
究竟道即六支瑜伽;
究竟果即離繫之真如。
禮敬教導如是究竟圓滿法教的您!

此名為《佛教總釋》之祈禱文,
乃由一切殊勝法主之忠僕,
喜饒·堅贊·帕桑波所造。

以此功德,祈願我及一切眾生:
證悟勝義法身之離繫果;
以所生之世俗二色身,

盡輪迴際，精進利他。

直至得證前，
願我永恆精進，
謹遵三轉法輪，特別依密咒，
次第清淨自他善逝如來藏上之垢染！

祈願吉祥！

3–2) 藏漢對照及注釋

བསྟན་པ་སྤྱི་འགྲེལ་ཞེས་བྱ་བའི་གསོལ་འདེབས།

bstan pa spyi 'grel zhes bya ba'i gsol 'debs /

佛教總釋

ༀ་གུ་རུ་བུད་དྷ་བོ་དྷི་ས་ཏྭ་བྷྱོ་ན་མོ་ན་མཿ།།

oṃ gu ru bud dha bo dhi sa twa bhyo na mo na maḥ //
（*Oṃ gurubuddhabodhisattvabhyonamonamaḥ*）

唵 咕嚕布但菩提薩埵毗喝優南無那麻①
（唵！禮敬上師、世尊、諸大菩薩！）

---

① 藏文經教開頭的禱祝，大部分來自梵文，此段文首禱祝亦同，乃藏化之梵文，回推其梵文為：“*Oṃ gurubuddhabodhisattvabhyonamonamaḥ*”。此篇之音譯用字，若有牽涉到梵文處，本譯者以梵音為主，藏音為輔。因梵文的音譯用字在漢地已有習慣的用法，為便利漢地讀者，本譯者採用讀者較熟悉的梵音漢字，不採用少見於漢文佛經之梵音音譯字。例如，བྷྱོ（*bhyo*；英：bow；禮敬），此處翻作“毗喝優”，不同於明譯之“必藥（二和）”，因“毗喝優”選字，比“必藥”在漢文佛經梵音音譯字中更為常見，詳見3–3）本漢譯與明譯比較。又，因為梵文之“*ḥ*”，和藏音不同，有明顯發氣音，故此處添加明譯所無之“喝”音。

ཆོས་རྗེ་བླ་མ་དམ་པ་སྤྲུལ་བའི་སྐུ་རྣམས་ཀྱི་ཞབས་ཀྱི་པདྨོ་① དྲི་མ་མེད་ལ་གུས་པས་ཕྱག་འཚལ་ཞིང་སྐྱབས་སུ་མཆིའོ།།
བརྩེ་བ་ཆེན་པོས་དུས་ཐམས་ཅད་དུ་རྗེས་སུ་བཟུང་དུ་གསོལ།།

chos rje bla ma dam pa sprul ba'i sku rnams kyi zhabs kyi pad+mo② dri ma med la gus pas phyag 'tshal zhing skyabs su mchi'o //
brtse ba chen pos dus thams cad du rjes su bzung du gsol //

法主、殊勝上師、應化身之無垢蓮足!
恭敬頂禮五體投地皈命!
祈求一切時地以大慈攝受我!

རྟག་བརྟན་གཡུང་དྲུང་ཆོས་རྗེ་རིན་པོ་ཆེ།།
འཕྲིན་ལས་མཁའ་ཁྱབ་ལྷུན་གྱིས་གྲུབ་མཛད་པ།།
འཁྲུལ་མེད་ངེས་གསང་དོན་དམ་གསལ་མཛད་པའི།།
རྟོན་པ་བཞི་ལྡན་བླ་མའི་ཞབས་ལ་འདུད།།

rtag brtan g.yung drung chos rje rin po che //
'phrin las mkha' khyab lhun gyis grub mdzad pa //
'khrul med nges gsang don dam gsal mdzad pa'i //

---

① པདྨོ: 此處不丹原江孜版和北京版作 པདྨོ (*pad+mo*), 壤塘版作 པད་མོ (*pad mo*), 拼法有異, 意義則同。 見附錄五: 不丹原江孜版、壤塘版、北京版逐字比對, 不丹原江孜版第686頁。

② 見上 པདྨོ (*pad+mo*) 注。

rton pa bzhi ldan bla ma'i zhabs la 'dud //

常固不變①珍貴法主仁波切，
遍入②任運自在成就，
灼然開示無謬勝義決定密③。

---

① “常固不變”：རྟག་བརྟན་གཡུང་དྲུང（*rtag brtan g.yung drung*），藏文這四個字是固定用法，傳統上漢譯作“常固雍仲”。རྟག（*rtag*；英：permanent）即是“恆常”，བརྟན（*brtan*；英：stable）即是“堅固”；གཡུང་དྲུང（*g.yung drung*）是“卐”字，即梵文的*swastika*，Ives Waldo英譯為“changeless、unchanging”，斯特恩斯譯為“eternal”，皆為“不變”的意思。傳統的藏譯漢文獻中將གཡུང་དྲུང（*g.yung drung*）譯為“雍仲”，是採取音譯，一般人不容易懂；本譯文的原則是讓最多的讀者能讀懂，包括不熟悉藏譯漢文獻傳統的讀者，所以捨棄“常固雍仲”的音譯而意譯為“常固不變”，同於斯特恩斯此處所採用之意譯：I bow at the feet of the **permanent**, **stable**, **eternal**, precious Dharma lords（粗體為本譯者所加）。

② “遍入”：མཁའ་ཁྱབ（*mkha' khyab*），英文作all–pervading、all–pervasive，即“遍滿諸處（入）”，無所不在，**周遍一切**。如《涅槃經》中的“八大自在我”，其中第八“**身遍諸處**猶如虛空者”，Robert Buswell即英譯為“**pervading** all of infinite space”（粗體為本譯者所加）。此處以藏密用詞為主，採用“遍入”。

③ “無謬勝義決定密”：འཁྲུལ་མེད་ངེས་གསང་དོན་དམ（*'khrul med nges gsang don dam*）。འཁྲུལ་མེད（*'khrul med*）：無謬。ངེས་གསང（*nges gsang*）：決定密。དོན་དམ（*don dam*）一字漢譯常為“不二”、“一心”、“一相”、“一真地”、“真相”、“如”、“真如”、“圓”、“實際”、“勝義”、“究竟”、“佛性”。本譯文採用“勝義”。

頭面禮足具足四法依[1]之上師!

འདུས་བྱས་ཐམས་ཅད་རི་གཟར་[2]འབབ་ཆུ་བཞིན།།
སྤྲིན་བཞིན་གློག་བཞིན་རྩ་[3]རྩེའི་ཟིལ་པ་བཞིན།།
མི་རྟག་མི་བརྟན་འགྱུར་བའི་ཆོས་ཅན་དུ།།
ལེགས་པར་སྟོན་མཛད་བླ་མའི་ཞབས་ལ་འདུད།།

'dus byas thams cad ri gzar[4] 'bab chu bzhin //
sprin bzhin glog bzhin rtsa[5] rtse'i zil pa bzhin //
mi rtag mi brtan 'gyur ba'i chos can du //
legs par ston mdzad bla ma'i zhabs la 'dud //

---

① “四法依”為依法不依人、依了義經不依不了義經、依義不依語、依智不依識。篤補巴最喜愛的自稱，為“東巴力丹”，即“四法依王”(རྟོན་པ་བཞི་ལྡན; *rton pa bzhi ldan*; 英: Possessor of the Four Reliances)，此名和他的法義思想相輝映。

② གཟར: 此處不丹原江孜版作 བཟར (*bzar*)，壤塘版和北京版皆作 གཟར (*gzar*)，見附錄五: 不丹原江孜版、壤塘版、北京版逐字比對，不丹原江孜版第686頁。བཟར 應是 གཟར (steep; 陡峭)之異寫，此處採壤塘版和北京版之གཟར。

③ རྩ: 此處不丹原江孜版作 རྩ (*rtsa*)，壤塘版和北京版皆作རྩྭ (*rtswa*)，見附錄五: 不丹原江孜版、壤塘版、北京版逐字比對，不丹原江孜版第686頁。此二拼法稍異，其意則同，皆為“草”。此處採不丹原江孜版的རྩ (*rtsa*)。

④ 見上 གཟར (*gzar*) 注。

⑤ 見上 རྩ (*rtsa*)注。

一切有為法①，如峻嶺瀑、

如雲、如電、亦如草尖露，

無常、不固、變異。

頭面禮足如是正授之上師！

མི་ཡི་འོབས་དང་སྦྲུལ་གདུག་ཁར་ཆུད་བཞིན༎

བུམ་པའི་ནང་དུ་སྦྲང་མ་འཁོར་བ་བཞིན༎

ཁམས་གསུམ་མཐའ་དག་སྡུག་བསྔལ་རང་བཞིན་དུ༎

མཚུངས་པར་སྟོན་མཛད་བླ་མའི་ཞབས་ལ་འདུད༎

---

① “一切有為法”：འདུས་བྱས་ཐམས་ཅད（*'dus byas thams cad*），此處譯作“一切有為法”，是因為漢地讀者熟悉“一切有為法，如夢幻泡影”的譯法；為使漢地讀者感到親切，所以如此採用。但本譯者希望為讀者指出：藏文的 འདུས་བྱས་ཐམས་ཅད（*'dus byas thams cad*）對應梵文的*sarva-saṃskārā*，正是四法印（諸行無常、有漏皆苦、諸法無我、涅槃寂靜）中“諸行無常”的“諸行”，也是“有漏皆苦”的“有漏皆”。四法印的梵文和藏文分別是：諸行無常（梵：*anityāḥ sarva-saṃskārāḥ*；藏：*'du byed thams cad mi rtag pa*），有漏皆苦（梵：*sarva-saṃskārā duḥkhāḥ*；藏：*'du byed thams cad sdug bsngal ba*），諸法無我（梵：*sarva-dharmā anātmānah*；藏：*chos thams cad bdag med pa*），涅槃寂靜（梵：*śāntaṃ nirvāṇam*；藏：*mya ngan las 'das pa zhi ba*）。*saṃskārā* 也是“無明緣行”的“行”（梵：*avidyā-pratyayāḥ saṃskārāḥ*）。“一切有為法”、“諸行”、“有漏皆”的字樣不同，僅僅存於漢文；在藏文和梵文中是相同的。

此句 འདུས་བྱས་ཐམས་ཅད（*'dus byas thams cad*）是指“一切依他起、緣生緣滅、有漏有患、無常無明的諸行”。但此處若譯為“諸行如峻嶺瀑”，或“有漏皆如峻嶺瀑”，對漢地讀者並不親切，故捨之。

me yi 'obs dang sbrul gdug khar chud bzhin //
bum pa'i nang du sbrang ma 'khor ba bzhin //
khams gsum mtha' dag sdug bsngal rang bzhin du //
mtshungs par ston mdzad bla ma'i zhabs la 'dud //

如火坑燒灼、如毒蛇噬齧，
亦如蜜蜂繞壺內①，
三界自性悉皆苦。
頭面禮足如是教導之上師！

མི་གཙང་ལུས་ལ་གཙང་བར་འཛིན་པ་རྣམས།།
ངན་སྐྱུགས་བུམ་པ་རྒྱན་གྱིས་བརྒྱན་པ་ལ།།
མི་ཤེས་བྱིས་པ་དགའ་ཞིང་ཆགས་པ་དང་།།
མཚུངས་པར་སྟོན་མཛད་བླ་མའི་ཞབས་ལ་འདུད།།

mi gtsang lus la gtsang bar 'dzin pa rnams //
ngan skyugs bum pa rgyan gyis brgyan pa la //
mi shes byis pa dga' zhing chags pa dang //
mtshungs par ston mdzad bla ma'i zhabs la 'dud //

染垢色身執為淨，
如童愚貪愛外表嚴飾，

---

① 這一段“火、蛇、蜂”的譬喻，源自《方廣大莊嚴經》（*Lalitavistara sutra*）：“三界煩惱，猶如猛火，迷惑不離，恆為所燒”、“著五欲者，如抱毒樹……如蜜塗刀，如毒蛇首”。

卻內藏吐穢之瓶。
頭面禮足如是教導之上師!

འཁོར་བ་ཉིད་ལ་དགའ་བའི་སེམས་ཅན་རྣམས།།
མི་རྟག་མི་གཙང་ཡིད་འབྱུང་སྐྱོ་བསྐྱེད་ནས།།
བདག་མེད་སྟོང་པ་ཞི་བའི་ལམ་འཇུག་པ།།
བདེན་བཞི་སྟོན་མཛད་བླ་མའི་ཞབས་ལ་འདུད[1]།།

'khor ba nyid la dga' ba'i sems can rnams //
mi rtag mi gtsang yid 'byung skyo bskyed nas //
bdag med stong pa zhi ba'i lam 'jug pa //
bden bzhi ston mdzad bla ma'i zhabs la 'dud[2] //

令貪愛輪迴的有情眾生,
對無常和不淨生起厭離和憂悲;
令其修習無我空寂之道。
頭面禮足教導四聖諦之上師!

ཆོས་རྣམས་ཐམས་ཅད་རྐྱེན་ལས་བྱུང་བ་ཙམ།།
བདག་དང་སེམས་ཅན་སྲོག་དང་བྱེད་པོ་མེད།།

---

① མའི་ཞབས་ལ་འདུད (*ma'i zhabs la 'dud*):不丹原江孜版和北京版省略禮敬句中此四字,由壤塘版補足,見附錄五:不丹原江孜版、壤塘版、北京版逐字比對,不丹原江孜版第687頁。

② ma'i zhabs la 'dud:見上 མའི་ཞབས་ལ་འདུད (*ma'i zhabs la 'dud*)注。

རྨི་ལམ་སྒྱུ་མ་སྨིག་སྒྱུ་སྒྲ་བརྙན་①དང་།།
མཚུངས་པར་སྟོན་མཛད་བླ་མའི་ཞབས་ལ་འདུད②།།

chos rnams thams cad rkyen las byung ba tsam //
bdag dang sems can srog dang byed po med //
rmi lam sgyu ma smig sgyu sgra brnyan dang //
mtshungs par ston mdzad bla ma'i zhabs la 'dud ③//

一切諸法但從緣生，
無我、無衆生、無壽者、無作者。
如夢、如幻、如陽焰、如谷響。
頭面禮足如是教導之上師！

དོན་སྣང་ཡང་སེམས་ཀྱི་བག་ཆགས་ཙམ།།
སེམས་དང་ཡིད་དང་རྣམ་པར་ཤེས་པ་ཡང་།།

---

① སྒྲ་བརྙན: 不丹原江孜版和壤塘版作 སྒྲ་བརྙན (*sgra brnyan*)，意“迴音; echo”；北京版作 སྒྲ་སྙན (*sgra snyan*)，意“好音; pleasant sound”。見附錄五: 不丹原江孜版、壤塘版、北京版逐字比對，不丹原江孜版第687頁。此處依上下文意判定應採 སྒྲ་བརྙན “迴音”義; 斯特恩斯此處英譯為“echo”，亦是同理。故，此處依佛典用詞習慣，將“迴音”譯為空谷迴音之“谷響”。

② ཞབས་ལ་འདུད (*zhabs la 'dud*)：不丹原江孜版中省略此三字禮敬語，由壤塘版取字補足。見附錄五: 不丹原江孜版、壤塘版、北京版逐字比對，不丹原江孜版第688頁。

③ 見上 ཞབས་ལ་འདུད (*zhabs la 'dud*) 注。

མིང་ཙམ་①བརྡ་ཙམ་མཁའ་ལྟར་སྟོང་ཉིད་དུ།།
གསལ་བར་སྟོན་མཛད་བླ་མའི་ཞབས་ལ་འདུད②།།

don du snang yang sems kyi bag chags tsam //
sems dang yid dang rnam par shes pa yang //
ming tsam③ brda tsam mkha' ltar stong nyid du //
gsal bar ston mdzad bla ma'i zhabs la 'dud ④//

境相顯現似有，
實僅自心習氣；
心、意、識：
不過唯名，唯施設，空如虛空。
頭面禮足如是清楚教導之上師！

གཟུགས་སོགས་ཕུང་པོ་དབུ་བ་གདོས་པ་དང་།།

---

① མིང་ཙམ：不丹原江孜版中此處作 མི་ཙམ（*mi tsam*），壤塘版和北京版皆作 མིང་ཙམ（*ming tsam*）。見附錄五：不丹原江孜版、壤塘版、北京版逐字比對，不丹原江孜版第688頁。མིང་ཙམ（*ming tsam*）即梵文之 nāma-mātraka，意"唯名；merely nominal"。མི་ཙམ（*mi tsam*）應是筆誤，故此處取壤塘版和北京版用字。斯特恩斯英譯此處作"mere names"，應是同理。

② མའི་ཞབས་ལ་འདུད：不丹原江孜版中省略此四字禮敬語，由壤塘版取字補足。見附錄五：不丹原江孜版、壤塘版、北京版逐字比對，不丹原江孜版第688頁。

③ 見上 མིང་ཙམ（*ming tsam*）注。

④ 見上 མའི་ཞབས་ལ་འདུད（*ma'i zhabs la 'dud*）注。

ཆུ་ཡི་ཆུ་བུར་སྨིག་རྒྱུ་①སོགས་འདྲར་སྟོན༎
སྐྱེ་མཆེད་གྲོང་སྟོང་ཁམས་རྣམས་སྦྲུལ་གདུག་དང་༎
མཚུངས་པར་སྟོན་མཛད་བླ་མའི་ཞབས་ལ་འདུད༎

gzugs sogs phung po dbu ba gdos pa dang //
chu yi chu bur smig rgyu② sogs 'drar ston //
skye mched grong stong khams rnams sbrul gdug dang //
mtshungs par bla ma'i zhabs la 'dud //

教導色等蘊，
如泡、如沫、如陽焰等；
十二處如空城、十八界如毒蛇。
頭面禮足如是教導之上師！

སྲིད་དང་མྱ་ངན་འདས་པའི་ཆོས་རྣམས་ཀུན༎
མ་སྐྱེས་མ་འགགས་འགྲོ་འོང་གནས་བྲལ་ཞིང་༎
མཐའ་དང་དབུས་མེད་རང་རང་ངོ་བོ་ཡིས༎

---

① སྨིག་རྒྱུ: 不丹原江孜版中此處作 སྨིག་སྒྱུར (*smig sgyur*)，壤塘版和北京版皆作 སྨིག་རྒྱུ (*smig rgyu*)。見附錄五：不丹原江孜版、壤塘版、北京版逐字比對，不丹原江孜版第688頁。སྨིག་རྒྱུ (*smig rgyu*) 即梵文之marīci，意為"海市蜃樓，陽焰；mirage"。སྒྱུར (*sgyur*) 為"控制；control"，於此處無關，應是筆誤，故此處取壤塘版和北京版用字。斯特恩斯英譯此處作"mirage"，亦是同理。

② 見上 སྨིག་རྒྱུ (*smig rgyu*) 注。

སྟོང་པར་སྟོན་མཛད་བླ་མའི་ཞབས་ལ་འདུད①།།

srid dang mya ngan 'das pa'i chos rnams kun //
ma skyes ma 'gags 'gro 'ong gnas bral zhing //
mtha' dang dbus med rang rang ngo bo yis //
stong par ston mdzad bla ma'i zhabs la 'dud② //

輪迴涅槃一切法，
不生、不滅、不去、不來、不住，
離邊離中，各無自性。
頭面禮足教導此空性之上師！

བུམ་ནང་མར་མེ་དབུལ་པོའི་གཏེར་སོགས་བཞིན།།
བདེ་གཤེགས་སྙིང་པོ་འོད་གསལ་ཆོས་ཀྱི་སྐུ།།
ཀུན་རྫོབ་གློ་བུར་ཕུང་པོའི་སྦུབས་ནང་ན།།
གནས་པར་སྟོན་མཛད་བླ་མའི་ཞབས་ལ་འདུད③།།

bum nang mar me dbul po'i gter sogs bzhin //

---

① ཞབས་ལ་འདུད（*zhabs la 'dud*）：不丹原江孜版中省略此三字禮敬語，由壤塘版取字補足。見附錄五：不丹原江孜版、壤塘版、北京版逐字比對，不丹原江孜版第688頁。

② 見上 ཞབས་ལ་འདུད（*zhabs la 'dud*）注。

③ ཞབས་ལ་འདུད（*zhabs la 'dud*）：不丹原江孜版中省略此三字禮敬語，由壤塘版取字補足。見附錄五：不丹原江孜版、壤塘版、北京版逐字比對，不丹原江孜版第688頁。

bde gshegs snying po 'od gsal chos kyi sku //
kun rdzob glo bur phung po'i spubs nang na //
gnas par ston mdzad bla ma'i zhabs la 'dud① //

如瓶中藏明燈；如窮人懷珍寶——
善逝如來藏、明光②法身，
存於世俗諦及客起之諸蘊內。
頭面禮足教導如是安住之上師！

ཀུན་བརྟགས་གཞན་དབང་ཆོས་ཀུན་ཡོད་མིན་ཞིང་།།
ཡོངས་གྲུབ་ཆོས་ཉིད་ནམ་ཡང་མེད་མིན་ཞེས།།
ལེགས་པར་ཕྱེ་སྟེ་ཡོད་མེད་རྟག་ཆད་ལས།།
འདས་པར་སྟོན་མཛད་བླ་མའི་ཞབས་ལ་འདུད③ །།

kun brtags gzhan dbang chos kun yod min zhing //
yongs grub chos nyid nam yang med min zhes //
legs par phye ste yod med rtag chad las //
'das par ston mdzad bla ma'i zhabs la 'dud④ //

---

① 見上 ཞབས་ལ་འདུད (*zhabs la 'dud*) 注。

② “明光”：“明光” 或作 “光明”，兩者藏文相同，漢譯略有差異，但是經常互通。 詳細見下 “明光如來藏”。

③ ཞབས་ལ་འདུད (*zhabs la 'dud*)：不丹原江孜版中省略此三字禮敬語，由壤塘版取字補足。 見附錄五：不丹原江孜版、壤塘版、北京版逐字比對，不丹原江孜版第689頁。

④ 見上 ཞབས་ལ་འདུད (*zhabs la 'dud*) 注。

遍計執及依他起之一切諸法皆非有①，
但圓成法性②本非無③；

---

① 篤補巴對於遍計執 ཀུན་བརྟགས (*kun brtags*; 英：imputed, imaginary)、依他起 གཞན་དབང (*gzhan dbang*; 英: dependent, other-powered)，和圓成實 ཡོངས་གྲུབ (*yongs grub*; 英: thoroughly established, fully established) 有精確的定義，並舉《五百頌般若經》(*Sutra on the Perfection of Wisdom in Five Hundred Lines*) 為佐證。此三分法與唯識中的依他起性、遍計執性、圓成實性並不完全重疊。後世僧侶於此多有爭論。其異同比對超出本譯文範圍，當另文述之，此處僅希望告知讀者此點。

② "圓成法性"：為 ཡོངས་གྲུབ་ཆོས་ཉིད (*yongs grub chos nyid*) 的直譯。ཡོངས་གྲུབ (*yongs grub*) 為"圓成實"，ཆོས (*chos*) 為"法"，ཉིད (*nyid*) 為"性"。斯特恩斯在 *The Buddha from Dolpo* 書中說："篤補巴認為，如同龍樹、無著、世親一路傳承，第二轉法輪般若系經典中教導的不二實相 (absolute reality) 和第三轉法輪中的如來藏 (Buddha-nature, *tathāgatagarbha*) 基本上是同一件事。篤補巴強調第二轉法輪中教的不二空性，在第三轉法輪中和無上密續中，即是甚深他空，不只是諸法無自性而已。篤補巴的核心教法就是說明在眾多佛經中所用的名相，其實是指同一件事。例如，在一篇以討論三自性 (英: three-natures; 梵: *trisvabhāva*) 為背景，專門澄清九種圓成實性 (英: the nine true or fully established natures; 梵: *parinispanna*; 藏: *yongs grub*) 的文章中，篤補巴將九種圓成實性、九種般若智 (transcendent knowledges; 梵: *prajñāpāramitā*)、九種如來藏性 (英: Buddha-natures; 梵: *tathāgatagarbha*) 作為同義詞交互使用。"

③ "本非無"：ཡང་མེད་མིན (*yang med min*)，《郭扎佛教史》第77–78頁："多羅那塔說：『圓成實善逝藏者，任何時候自性都不空，其他世俗從初住空。圓成實勝義諦是他空非自空，這樣諸世俗在他空性上自性亦空，因

明辨有、無、常、斷。

頭面禮足教導如是超越［兩邊］①之上師！

ཀུན་རྫོབ་ཆོས་ཀུན་རྒྱུ་འབྲས་རྟེན་འབྲེལ་ཙམ།།
དོན་དམ་རང་བྱུང་རྟེན་འབྲེལ་ལས་འདས་ཞེས།།
རྐྱེན་ལས་བྱུང་དང་རང་བྱུང་ཡེ་ཤེས་ཀྱི།།
ཁྱད་པར་སྟོན་མཛད་བླ་མའི་ཞབས་ལ་འདུད②།།

kun rdzob chos kun rgyu 'bras rten 'brel tsam //
don dam rang byung rten 'brel las 'das zhes //
rkyen las byung dang rang byung ye shes kyi //
khyad par ston mdzad bla ma'i zhabs la 'dud③ //

世俗諸法皆僅從因果緣起而生，

為勝義是從他性空。所以，這種說法就是他空中觀』！”寧瑪派學者隆欽然降巴說：“由觀待界或如來藏之體性，其污垢及過失等物之有差別相空，而從本以來於自己本身所具有的佛功德則不空”。

① “明辨有、無、常、斷。頭面禮足教導如是超越［兩邊］之上師”：“兩邊”為本譯者所加。這裡頭面禮足的是教導如是超越“有、無”、“斷、常”上述這些“兩邊”之上師，也就是教導“離邊”之上師。漢語如果此處沒有受詞，讀者可能不知要超越的是指何物。

② ཞབས་ལ་འདུད（*zhabs la 'dud*）：不丹原江孜版中省略此三字禮敬語，由壤塘版取字補足。見附錄五：不丹原江孜版、壤塘版、北京版逐字比對，不丹原江孜版第689頁。

③ 見上 ཞབས་ལ་འདུད（*zhabs la 'dud*）注。

但本來自在之勝義諦超越緣起；
分別緣起法和自在本覺間的差異。
頭面禮足教導如是慎辨之上師！

ཕྱི་ནང་ཆོས་ཀུན་མ་རིག་འཁྲུལ་འཁོར་ཙམ།།
གཞན་ནི་ཆོས་ཉིད་རང་བྱུང་ཡེ་ཤེས་ཞེས།།
རྣམ་ཤེས་ཡེ་ཤེས་འཁོར་འདས་བདེན་གཉིས་ཀྱི།།
རྣམ་དབྱེ་སྟོན་མཛད་བླ་མའི་ཞབས་ལ་འདུད①།།

phyi nang chos kun ma rig 'khrul 'khor tsam //
gzhan ni chos nyid rang byung ye shes zhes //
rnam shes ye shes 'khor 'das bden gnyis kyi //
rnam dbye ston mdzad bla ma'i zhabs la 'dud② //

內外諸法不過是無明迷謬輪轉③，
而餘者為法性、自在本覺④；

---

① མའི་ཞབས་ལ་འདུད（*ma'i zhabs la 'dud*）：不丹原江孜版和北京版省略禮敬句中此四字，由壤塘版補足，見附錄五：不丹原江孜版、壤塘版、北京版逐字比對，不丹原江孜版第689頁。

② 見上 མའི་ཞབས་ལ་འདུད（*ma'i zhabs la 'dud*）注。

③ "輪轉"：འཁྲུལ་འཁོར（*'khrul 'khor*），另外又指"幻輪修法"、"㚆法"。

④ "自在本覺"：རང་བྱུང་ཡེ་ཤེས（*rang byung ye shes*；英：self–existing primordial awareness; self–arisen pristine wisdom）。 Jeffrey Hopkins 在 *The Essence of Other-Emptiness*一書中，引述多羅那他於其《甚深義之二十一差別論》中整理篤補巴對"self–arisen pristine wisdom"一詞的各種定義，其

區別識、智、輪、涅，及世俗、勝義二諦之差異。

頭面禮足教導如是分別①之上師！

ཀུན་རྫོབ་སྲིད་གསུམ་འཁྲུལ་སྣང་སྒྲོ་བཏགས་ཙམ།།
དོན་དམ་སྲིད་གསུམ་བདེ་གཤེགས་སྙིང་པོ་ནི།།
གཞོམ་མེད་མ་བརྟགྶ②་མ་འཁྲུལ་སྣང་བ་ཞེས།།
ཕྱེ་སྟེ་སྟོན་མཛད་བླ་མའི་ཞབས་ལ་འདུད③།།

中之一就是“is permanent and steady and is the actual uncompounded and thus is not impermanent, momentary, or compounded”（常在、不動、且真實無為；因此非無常、非暫有、非有為）。由此可知，རང་བྱུང་ཡེ་ཤེས（*rang byung ye shes*）是究竟無為法，本來常在，不生不滅，故此處譯為“自在本覺”，即“自己本來存在的覺”。覺囊派文獻譯例見《大圓滿三大要語》：“此中真意——圓滿如實性，即諸佛心中無二大覺，實圓攝於一切有情皆具之法爾當下究竟本覺……已自證存在之實義即自在本覺故，妄念當下自解，因而無需其他對治。”也有譯作“自然智”、“無師自然智”、“自覺智”等等。

① “分別”：རྣམ་དབྱེ（*rnam dbye*），例如《中論》〈觀四諦品第二十四〉：*gang dag bden pa de gnyis kyi /* ***rnam dbye*** *rnam par mi shes pa / de dag sangs rgyas bstan pa ni / zab mo'i de nyid rnam mi shes /*（若人不能知，**分別**於二諦，則於深佛法，不知真實義）。（粗體及下劃線為本譯者所加）

② བརྟགྶ：不丹原江孜版中此處作 བརྟགྶ（*brtags*），壤塘版作 བརྟགས（*brtags*再後加字 ས 位置稍異），北京版作 བརྟག（*brtag*，無再後加字ས），三者意義並無不同。見附錄五：不丹原江孜版、壤塘版、北京版逐字比對，不丹原江孜版第689頁。

③ མའི་ཞབས་ལ་འདུད（*ma'i zhabs la 'dud*）：不丹原江孜版和北京版省略禮敬句中此

kun rdzob srid gsum 'khrul snang sgro btags tsam //
don dam srid gsum bde gshegs snying po ni //
gzhom med ma brtags[①] ma 'khrul snang ba zhes //
phye ste ston mdzad bla ma'i zhabs la 'dud[②] //

世俗三界不過是迷謬增益[③]幻相，
然勝義三界、善逝如來藏，
則為不壞、不妄、不謬之相。
頭面禮足教導如是區分之上師!

བདེན་པ་བཞི་ཡི་ཆོས་ཀྱི་འཁོར་ལོ་དང་།།
མཚན་ཉིད་མེད་པའི་ཆོས་ཀྱི་འཁོར་ལོ་དང་།།
དོན་དམ་རྣམ་ངེས་ཆོས་ཀྱི་འཁོར་ལོ་ཡི།།
དགོངྶ་པ་སྟོན་མཛད་བླ་མའི་ཞབས་ལ་འདུད[④]།།

四字，由壤塘版補足，見附錄五：不丹原江孜版、壤塘版、北京版逐字比對，不丹原江孜版第689頁。

① 見上 བརྟགས（*brtags*）注。

② 見上 མའི་ཞབས་ལ་འདུད（*ma'i zhabs la 'dud*）注。

③ “增益”：སྒྲོ་བཏགས（*sgro btags*）即“增益執”，因“無明”而把“自性”添加於諸法之上；與其相反的是“減損執”。例如《說無垢稱經》：*btsun pa maud gal gyi bu chen po / chos bstan pa zhes bya ba de 'ang sgro btags pa'i tshig ste /*（夫說法者一切皆是增益損減）。

④ ཞབས་ལ་འདུད（*zhabs la 'dud*）：不丹原江孜版中省略此三字禮敬語，由壤塘版取字補足。見附錄五：不丹原江孜版、壤塘版、北京版逐字比對，不丹原江孜版第689頁。

bden pa bzhi yi chos kyi 'khor lo dang //
mtshan nyid med pa'i chos kyi 'khor lo dang //
don dam rnam nges chos kyi 'khor lo yi //
dgongs pa ston mdzad bla ma'i zhabs la 'dud① //

四聖諦法輪義、
無相法輪義、
勝義決定法輪義。
頭面禮足教導此意旨之上師!

འཁོར་ལོ་རིམ་གསུམ་བདུད་རྩིའི་ཆུ་རྒྱུན་གྱིས།།
རགས་པ་ཕྲ་བ་ཤིན་ཏུ་ཕྲ་བ་ཡི།།
དྲི་མ་གསུམ་སྦྱངས་ཆོས་སྐུའི་རང་བཞིན་མཆོག།
དྲི་བྲལ་ཐོབ་མཛད་བླ་མའི་ཞབས་ལ་འདུད②།།

'khor lo rim gsum bdud rtsi'i chu rgyun gyis //
rags pa phra ba shin tu phra ba yi //
dri ma gsum sbyangs chos sku'i rang bzhin mchog //
dri bral thob mdzad bla ma'i zhabs la 'dud③ //

---

① 見上 ཞབས་ལ་འདུད (*zhabs la 'dud*) 注。

② ཞབས་ལ་འདུད (*zhabs la 'dud*): 不丹原江孜版中省略此三字禮敬語, 由壤塘版取字補足。 見附錄五: 不丹原江孜版、壤塘版、北京版逐字比對, 不丹原江孜版第689頁。

③ 見上ཞབས་ལ་འདུད (*zhabs la 'dud*) 注。

以三轉法輪甘露流，
次第洗淨三種粗、細、極細染污後，
令得上妙離垢自性法身。
頭面禮足如是堪能之上師！

དོན་སྨྲ་རྣམས་ལ་ཐམས་ཅད་སེམས་སུ་སྟོན།།
སེམས་སུ་ཞེན་ལ་སྣང་མེད་དབུ་མ་སྟོན།།
སྣང་མེད་སྨ་ལ་ཡང་དག་སྣང་བ་ཡི།།
དབུ་མ་སྟོན་མཛད་བླ་མའི་ཞབས་ལ་འདུད[1]།།

don smra rnams la thams cad sems su ston //
sems su zhen la snang med dbu ma ston //
snang med sma la yang dag snang ba yi //
dbu ma ston mdzad bla ma'i zhabs la 'dud[2] //

教導認外境實有者：一切唯心[3]；
教導執著心者：無相中觀[4]；

---

① མའི་ཞབས་ལ་འདུད（*ma'i zhabs la 'dud*）：不丹原江孜版和北京版省略禮敬句中此四字，由壤塘版補足，見附錄五：不丹原江孜版、壤塘版、北京版逐字比對，不丹原江孜版第689頁。

② 見上མའི་ཞབས་ལ་འདུད（*ma'i zhabs la 'dud*）注。

③ "唯心"：譯法參考《華嚴經》："若人欲了知，三世一切佛；應觀法界性，一切**唯心**造"。（粗體及下劃線為本譯者所加）

④ "無相中觀"：སྣང་མེད་དབུ་མ（*snang med dbu ma*；英：Madhyamaka of no Appearance）。སྣང་མེད（*snang med*）是"無相"(without Appearance)，དབུ་མ（*dbu*

教導已接受無相者: 實相中觀①。

---

ma）是“中觀”（Madhyamaka）。“無相中觀”相對於“有相中觀”（*snang bcas gi dbu ma*; 英: Madhyamaka of Appearance）。在篤補巴著作中, 有時在“無相中觀”前加上形容詞 གནས་སྐབས（*gnas skabs*; 英: temporary; 暫時、方便、權、假）, 成為“方便無相中觀”（སྣང་མེད་གནས་སྐབས་ཀྱི་དབུ་མ; *snang med gnas skabs kyi dbu ma*; 英: temporary Madhyamaka without Appearance）, 而在“有相中觀”前加上形容詞 མཐར་ཐུག（*mthar thug*; 英: final, absolute, ultimate; 究竟、勝義）成為“究竟有相中觀”（སྣང་བཅས་མཐར་ཐུག་གི་དབུ་མ; *snang bcas mthar thug gi dbu ma*; 英: ultimate Madhyamaka with Appearance）。比如在篤補巴的《法性大樂頌》（ཆོས་དབྱིངས་བདེ་བ་ཆེན་པོའི་འཇའ་ས; *Chos dbyings bde ba chen po'i 'ja' sa*; 英: *Proclamation of the Great Bliss of the Dharmadhātu*）中說: “終轉法輪之義超越方便無相中觀, 其必存於究竟有相中觀”（本譯者譯）（དེ་ལས་འདས་ནས་བཀའ་ཐ་མའི་དགོངས་པ་སྣང་བཅས་མཐར་ཐུག་གི་དབུ་མ་ལ་གནས་དགོས་ཀྱི། ; *de las 'das nas bka' tha ma'i dgongs pa snang bcas mthar thug gi dbu ma la gnas dgos kyi /*）。

① “實相中觀”: ཡང་དག་སྣག་བའི་དབུ་མ（*yang dag snag ba'i dbu ma*）。藏文 ཡང་དག（*yang dag*）, 中文多譯作“如實”、“真實”、“本有”; སྣག་བ（*snag ba*）多譯為“相”, ཡང་དག་སྣག་བ（*yang dag snag ba*）即“如實之相”。釋如石在《現觀莊嚴論一滴》, 第五十一頁中說: “《攝大乘論》中有‘四尋思’（*yongs-su-tshol-ba bzhi-po*）與‘四如實智’（*yang-dag-pa ji-lta-ba-bzhin tu young-su shes-pa bzhi-po*）的名稱”, 此處將 ཡང་དག（*yang dag*）對應為“如實”; 談錫永在《寶性論五題》中, 評論《寶性論 法寶品第三》中之“以不取相故, 能見實性。如是實性, 諸佛如來平等證知。”一句時, 說到“實性”, 梵文作 *bhūta*、藏譯為 *yang dag pa*, 實指“真實”, 亦可意譯為“本有”; 藏文版的《入楞伽經》中（*lang kar gshegs pa'i mdo, laṅkāvatārasūtra,*

頭面禮足如是教導之上師!

དམན་པ་རྣམས་ལ་རྒྱུ་འབྲས་ཆོས་རྣམས་སྟོན།།

ཡོད་འཛིན་ཅན་ལ་ཐམས་ཅད་སྟོང་པར་སྟོན།།

ཅང་མེད་སླ་ལ་འོད་གསལ་①བདེ་གཤེགས་ཀྱི།།

སྙིང་པོ་སྟོན་མཛད་བླ་མའི་ཞབས་ལ་འདུད②།།

dman pa rnams la rgyu 'bras chos rnams ston //

yod 'dzin can la thams cad stong par ston //

---

stanza X.429）有一段藏文“*yang dag kun rdzob, satyaṃ saṃvṛti*”，對應梵文：*Laṅkāvatāra Sūtra*, 319：“*niḥsvabhāveṣu yā bhrāntistatsatyaṃ saṃvṛtir-bhavet*”，此段的藏譯漢為“不了解自性無的顛倒識被認為實相之障”，即是將ཡང་དག（*yang dag*）譯為“實相”。綜合以上說法，本譯者此處將ཡང་དག་སྣག་བའི་དབུ་མ（*yang dag snag ba'i dbu ma*）譯作“實相中觀”。此“實相中觀”與上注之“無相中觀”、“有相中觀”三者為一系統，與“了義大中觀”有別：“了義大中觀”之藏文為ངེས་དོན་ལ་དབུ་མ་ཆེན་པོ（*nges don la dbu ma chen po*）其與“他空大中觀”、“離邊大中觀”為一系統。

① གསལ：不丹原江孜版中此處作གསོལ（*gsol*），壤塘版和北京版皆作གསལ（*gsal*）。見附錄五：不丹原江孜版、壤塘版、北京版逐字比對，不丹原江孜版第689頁。འོད་གསལ（*'od gsal*）意即“明光；英：clear light”。གསོལ（*gsol*）意為“乞求、供養；英：beg, make an offering”，與本段上下文無關。故採用壤塘和北京版的གསལ（*gsal*）。

② ཞབས་ལ་འདུད（*zhabs la 'dud*）：不丹原江孜版中省略此三字禮敬語，由壤塘版取字補足。見附錄五：不丹原江孜版、壤塘版、北京版逐字比對，不丹原江孜版第689頁。

cang med smra la 'od gsal[1] bde gshegs kyi //
snying po ston mdzad bla ma'i zhabs la 'dud[2] //

教導下根者: 因果之法;
教導執有者: 諸法皆空;
教導說空者: 明光善逝如來藏[3]。
頭面禮足如是教導之上師!

དབང་པོ་དམན་ལ་ཉན་ཐོས་ཐེག་པ་དང་།།
དབང་པོ་འབྲིང་ལ་རང་རྒྱལ་ཐེག་པ་དང་།།
མཆོག་ལ་ཐེག་མཆོག་རྒྱུ་དང་འབྲས་བུའི་ཚུལ།།
མདོ་སྔགས་སྟོན་མཛད་བླ་མའི་ཞབས་ལ་འདུད[4] །།

---

① 見上གསལ(*gsal*)注。

② 見上ཞབས་ལ་འདུད(*zhabs la 'dud*)注。

③ "明光善逝如來藏": 此處"明光"譯法, 參考竹清嘉措仁波切的《明光皓日之心髓》: "果位的第一釘是'涅槃不從他處證', 與其相應的是: 根基即是**明光**, 即是佛性, 涅槃是他的自性, 它原本的狀態, 三身都是自然而展現, 因此涅槃不是從他處得來之物。 根基即為**明光如來藏**, 實相自性即為涅槃故。" 創古仁波切的《金剛總持簡短祈請文釋論》: "應該多閱讀佛陀二轉法輪(無相法輪)所開示的空性次第的相關典籍, 如《中論》、《入中論》等典籍; 佛陀三轉法輪時所強調的**明光如來藏**的相關典籍, 如《寶性論》、第三世法王噶瑪巴讓炯多杰的教言《明示如來藏》、《辨識智論》。" (粗體及下劃線為本譯者所加)

④ ཞབས་ལ་འདུད(*zhabs la 'dud*): 不丹原江孜版中省略此三字禮敬語, 由壤塘版取字補足。 見附錄五: 不丹原江孜版、壤塘版、北京版逐字比對不丹原

dbang po dman la nyan thos theg pa dang //
dbang po 'bring la rang rgyal theg pa dang //
mchog la theg mchog rgyu dang 'bras bu'i tshul //
mdo sngags ston mdzad bla ma'i zhabs la 'dud① //

教下根者：聲聞乘；
教中根者：緣覺乘；
教上根者：上妙乘中因果之經、咒。
頭面禮足如是教導之上師！

ཇི་ལྟར་བུ་ཆུང་གཞོན་ནུ་ལང་ཚོ་རྣམས།།
སྣོད་དང་འཚམ་②པར་ཕ་མས་སྐྱོང་བ་ལྟར།།
འཁོར་ལོ་རིམ་གསུམ་ཁྱད་པར་གསང་སྔགས་ཀྱི།།
གདུལ་བྱ་རིམ་བཞིན་སྐྱོང་མཛད་ཁྱོད་ལ་འདུད།།

ji ltar bu chung gzhon nu lang tsho rnams //
snod dang 'tsham③ par pha mas skyong ba ltar //
'khor lo rim gsum khyad par gsang sngags kyi //
gdul bya rim bzhin skyong mdzad khyod la 'dud //

江孜版第690頁。

① 見上ཞབས་ལ་འདུད（*zhabs la 'dud*）注。

② འཚམ：不丹原江孜版和壤塘版中此處作འཚམ（*'tsham*），北京版作འཚམས（*'tshams*）。見附錄五：不丹原江孜版、壤塘版、北京版逐字比對，不丹原江孜版第690頁。二者意義並無不同。

③ 見上འཚམ（*'tsham*）注。

如父母依成長次第教護嬰兒、少年、青年，
依三轉法輪的次第，尤其依密咒，
教護弟子。
禮敬如是利行的您！

ཡང་ན་དམན་པ་འབྲིང་དང་མཆོག་གི་བུ།།
རྒྱུད་དང་འཚམ་པའི་ལས་ལ་སྦྱོར་བ་ལྟར།།
འཁོར་ལོ་རིམ་གསུམ་ཁྱད་པར་སྔགས་ཀྱི་ཚུལ།།
གདུལ་བྱའི་རྒྱུད་དང་འཚམ་པར་སྟོན་ལ་འདུད།།

yang na dman pa 'bring dang mchog gi bu //
rgyud dang 'tsham pa'i las la sbyor ba ltar //
'khor lo rim gsum khyad par sngags kyi tshul //
gdul bya'i rgyud dang 'tsham par ston la 'dud //

又依弟子下中上根而因材施教，
如同依三轉法輪的次第，
尤其依真言。
禮敬如是教導可化眾生①密續的您！

---

① “可化眾生”：གདུལ་བྱའི（*gdul bya'i*），或作“可調伏眾生”。例如《究竟一乘寶性論》藏文版有 *gdul bya'i khams dang 'dul byed thabs dang ni / gdul bya'i khams kyi gdul bya'i bya ba dang / de yi yul dang dus su gshegs pa la / khyab bdag rtag tu lhun gyis grub par 'jug //*，藏譯漢為：“**可化眾生**，以教化方便，起化眾生業，教化眾生界。諸佛自在人，於可化眾生，常待處待時，自然作佛事”。（粗體和下劃線為本譯者所加）

ཁང་བཟང་སུམ་བརྩེགས་①སྟེང་དུ་འཛེགས་②པ་ལྟར།།
འཁོར་ལོ་རིམ་གསུམ་ཁྱད་པར་གསང་སྔགས་ཀྱི།།
སངས་རྒྱས་བསྟན་པའི་ཁང་བཟང་སུམ་བརྩེགས་ལ།།
རིམ་བཞིན་འཛེགས་པར་སྟོན་མཛད་ཁྱོད་ལ་འདུད།།

khang bzang sum brtsegs③ steng du 'dzegs④ pa ltar //
'khor lo rim gsum khyad par gsang sngags kyi //
sangs rgyas bstan pa'i khang bzang sum brtsegs la //
rim bzhin 'dzegs par ston mdzad khyod la 'dud //

如同攀登至三層殿宇之巔，
佛法三轉法輪之三層殿宇，尤其是密咒，
須漸次攀登。
禮敬如是教導的您！

---

① སུམ་བརྩེགས：不丹原江孜版此處作 སུམ་རྩེག（*sum rtseg*），壤塘版作སུམ་བརྩེགས（*gsum rtseg*），北京版作 སུམ་བརྩེགས（*sum brtsegs*）。見附錄五：不丹原江孜版、壤塘版、北京版逐字比對，不丹原江孜版第690頁。三版拼法稍異，其意則同，皆為“三層”。此段第二次出現 སུམ་རྩེག（*sum rtseg*）時，三版亦有不同拼法，但並無歧義。此處取北京版拼法。

② འཛེགས：不丹原江孜版和壤塘版此處作 འཛེག（*'dzeg*），北京版作 འཛེགས（*'dzegs*）。見附錄五：不丹原江孜版、壤塘版、北京版逐字比對，不丹原江孜版第690頁。二拼法意義皆為“攀登；英：climb”。此段第二次出現འཛེག（*'dzeg*）時，北京版亦拼為 འཛེགས（*'dzegs*）。此處取北京版拼法。

③ 見上 སུམ་བརྩེགས（*sum brtsegs*）注。

④ 見上 འཛེགས（*'dzegs*）注。

ཇི་ལྟར་ནོར་བུ་མཁན་གྱིས་ནོར་བུ་ཡི།།
དྲི་མ་རིམ་གསུམ་རིམ་བཞིན་སྦྱོང་བ་ལྟར།།
འཁོར་ལོ་རིམ་གསུམ་ཁྱད་པར་གསང་སྔགས་ཀྱིས།།
བདེ་གཤེགས་སྙིང་པོ་[1]སྦྱོང་བར་སྟོན་[2]ལ་འདུད།།

ji ltar nor bu mkhan gyis nor bu yi //
dri ma rim gsum rim bzhin sbyong ba ltar //
'khor lo rim gsum khyad par gsang sngags kyis //
bde gshegs snying po[3] sbyong bar ston[4] la 'dud //

如珠寶匠次第蠲除珠寶上之三層垢穢，
依三轉法輪次第清淨善逝如來藏，
尤其依密咒。
禮敬如是教導的您！

---

① བདེ་གཤེགས་སྙིང་པོ：不丹原江孜版此處作 བདེ་གཤེགས་སྙིང་པོར（*bde gshegs snying por*），壤塘版和北京版皆作 བདེ་གཤེགས་སྙིང་པོ（*bde gshegs snying po*）。見附錄五：不丹原江孜版、壤塘版、北京版逐字比對，不丹原江孜版第690頁。བདེ་གཤེགས་སྙིང་པོ（*bde gshegs snying po*）即"善逝如來藏"，此處取壤塘版和北京版拼法。

② སྟོན：不丹原江孜版此處作 བསྟོན（*bston*），壤塘版和北京版皆作 སྟོན（*ston*）。見附錄五：不丹原江孜版、壤塘版、北京版逐字比對，不丹原江孜版第690頁。སྟོན（*ston*）即"教導"，བསྟོན（*bston*）應為 སྟོན（*ston*）之誤。此處取壤塘版和北京版之 སྟོན（*ston*）。

③ 見上 བདེ་གཤེགས་སྙིང་པོ（*bde gshegs snying po*）注。

④ 見上 སྟོན（*ston*）注。

བདེ་གཤེགས་སྙིང་པོ་རྒྱུ་དང་འབྲས་བུ་གཞན།།
རྒྱུ་གཞན་འོད་གསལ་སྟོང་ཉིད་གཟུགས་བརྙན་ཏེ།།
འབྲས་བུ་གཞན་ནི་འགྱུར་མེད་བདེ་བ་ཆེ།།
པྲ་ཕབ་བརྒྱད་དང་མཚུངས་པར་སྟོན་ལ་འདུད།།

bde gshegs snying po rgyu dang 'bras bu gzhan //
rgyu gzhan 'od gsal stong nyid gzugs brnyan te //
'bras bu gzhan ni 'gyur med bde ba che //
pra phab brgyad dang mtshungs par ston la 'dud //

善逝如來藏有他因他果。
他因即是明光空性相，
他果即是不變大樂；
似八圓光卜相①。

---

① “八圓光卜相”：པྲ་ཕབ་བརྒྱད（*pra phab brgyad*; 英: eight prognostic images; 梵: *pratisenā*）。英文“prognostic”有預言、讖語、推論之意，“eight prognostic images”指八種可以顯現預卜之影像或顯像之媒介。“圓光”是藏地在降神或占卜時，看著銅鏡，以觀吉凶，漢地亦有。《準提佛母七俱胝獨部法》記載：“若有短命多病眾生，白月十五日夜，燒安悉香，誦此真言一千八十遍，魔鬼病、失心、狂亂、野狐、惡魅皆於鏡中現於本形，教殺即殺、令放即放，更不再來增壽無量”（準提鏡圓光法）。此八相之藏文為“*phur bu'i me long dang / ral gri'am mthe bo dang/ mar me dang / zla ba dang/ nyi ma dang / chu dang/ thabs dang / mig ste brgyad rnams la pra dbab pa 'jug par gsungs so //*”（英: a mirrored dagger, a sword, one's thumb [nail], a lamp, the moon, the sun, [the surface of] water, and the eyes；中：鏡中匕首、劍、大拇指[甲]、

禮敬如是教導的您！

གསང་བ་གསང་ཆེན་མཁའ་ཁམས་སྣ་ཚོགས་ཡུམ།།
ཆོས་འབྱུང་ཆུ་སྐྱེས་བྷ་ག་སེང་གེའི་ཁྲི།།
བདག་མེད་ཕག་མོ་ལ་སོགས་སྣ་ཚོགས་མིང་།།
དུ་མ་དོན་གཅིག་སྟོང་ཉིད་སྟོན་ལ་འདུད།།

gsang ba gsang chen mkha' khams sna tshogs yum //
chos 'byung chu skyes bha ga seng ge'i khri //
bdag med phag mo la sogs sna tshogs ming //
du ma don gcig stong nyid ston la 'dud //

密、大密、空大①、那錯由姆②；
諸法之源、蓮花、婆伽③、獅子座；

燈、月、日、水［面］、眼）。圓光法在修行上的意義，是令修持者達到“入我我入”三密相應的不二境界，象徵自性如月亮從烏雲中展露出來，月光能普照大地，此時心鏡自顯，能用心如鏡。《時輪金剛無垢光疏釋》（*Stainless Light*）中，亦有一段文字說：“the Great Seal（*mahāmudrā*）is similar to the eight prognostic images（大手印即似八圓光卜相）”。

① “空大”：མཁའ་ཁམས（*mkha' khams*；英：Element of Space）為五大之一，其餘為地大、水大、火大、風大。

② “那錯由姆”：སྣ་ཚོགས་ཡུམ（*sna tshogs yum*；梵：*Viśvamātā*），時輪金剛之明妃。有譯為毗修波摩朵、大吉祥天女、諾母白度母、那錯由姆、金剛女。梵文原意為“世界之母”（mother of the world）。

③ “婆伽”：བྷ་ག（*bha ga*），來自梵文*Bhaga*，原意女根，即“三角生法宮”，唐

金剛無我母及金剛亥母①,
種種名稱,唯有一義:空性。
禮敬如是教導的您!

དེ་ཉིད་རྡོ་རྗེ་ཐིག་ལེ་ཧེ་རུ་ཀ།།
འདུས་པ་སྡོམ་པ་ཧེ་དང་སྙིང་རྗེ་ཆེ།།
དང་པོའི་སངས་རྒྱས་བྱང་ཆུབ་སེམས་སོགས་མིང་།།
དུ་མ་དོན་གཅིག་བདེ་ཆེན་སྟོན་ལ་འདུད།།

de nyid rdo rje thig le he ru ka //
'dus pa sdom pa he dang snying rje che //
dang po'i sangs rgyas byang chub sems sogs ming //
du ma don gcig bde chen ston la 'dud //

如金剛、明點、嘿嚕嘎、聚集;
律儀、嘿②、大悲、本初佛、菩提心,

不空譯作"婆伽",此處從唐譯。

① "金剛無我母及金剛亥母":བདག་མེད་ཕག་མོ(*bdag med phag mo*)。བདག་མེད(*bdag med*)直譯為"無我",實際上是指 བདག་མེད་མ(*bdag med ma*),梵文為*Nairātmyā*,即"金剛無我母",為喜金剛之明妃,屬於薩迦派佛母。亦有譯為無我佛母、金剛無我佛母、金剛無我母。ཕག་མོ(*phag mo*)即"金剛亥母",梵文為*Varāhī*。

② "嘿":ཧེ(*he*),狀聲詞,就是"嘿!"或"喝!"的聲音。例如,《薄伽梵喜金剛一念瑜珈常修儀軌》中,有藏文咒語"ཤ་ཏྲུན་ཧ་ཧཱ་ཧི་ཧཱི་ཧུ་ཧཱུ་ཧེ་ཧོ་ཧཻཾ་ཧཿཕཊ་སྭཱ་ཧཱ།",此咒語的羅馬字母轉寫為"Sha Trun. Ha Ha. Hi Hi. Hu Hu. He He. Ho Ho.

種種名稱，唯有一義：大樂。
禮敬如是教導的您！

རྡོ་རྗེ་སེམས་དཔའ་ཨེ་ཝཾ་དུས་འཁོར་ལོ།།
འཁོར་ལོ་སྡོམ་པ་དགྱེས་པ་རྡོ་རྗེ་དང་།།
སྒྱུ་འཕྲུལ་དྲྭ་བ་གསང་འདུས་ལ་སོགས་མིང་།།
དུ་མ་དོན་གཅིག་ཟུང་འཇུག་སྟོན་ལ་འདུད།།

rdo rje sems dpa' e wam dus 'khor lo //
'khor lo sdom pa dgyes pa rdo rje dang //
sgyu 'phrul drwa ba gsang 'dus la sogs ming //
du ma don gcig zung 'jug ston la 'dud //

金剛薩埵、如、時輪、勝樂金剛①、

Ham Ha. Phed So Ha."，漢語音譯為"夏忠 哈哈 嘿嘿 虎虎 黑黑 吙吙 杭哈 呸索哈"（羅馬字母轉寫及漢語音譯依香港噶舉書院，堪布嘎桑旦增（Khenpo Karsang Tenzin）所譯之《薄伽梵喜金剛一念瑜珈常修儀軌》，第20頁）。

① "勝樂金剛"：འཁོར་ལོ་སྡོམ་པ（*'khor lo sdom pa*），即梵文 *Cakrasaṃvara*，為《勝樂金剛密續》（འཁོར་ལོ་བདེ་མཆོག་རྒྱུད ；*'Khor lo bde mchog rgyud*；英：*The Wheel of Supreme Happiness Tantra*；梵：*Cakrasaṃvaratantra*）之本尊，歸類為無上瑜伽（རྣལ་འབྱོར་བླ་ན་མེད་ཀྱི་རྒྱུད ；*rnal 'byor bla na med gyi rgyud*；英：The highest yoga tantra；梵：*anuttara-yoga-tantra*）之母續（མ་རྒྱུད ；*ma rgyud*；英：mother tantra）。通常為藍膚、四面、十二臂、擁抱紅膚明妃金剛亥母（*Vajravarahi*）的圖像。

喜金剛、幻網金剛[①]及密集金剛[②]，
種種名稱，唯有一義：雙運[③]。
禮敬如是教導的您！

ཟུང་འཇུག་དབྱེར་མེད་རོ་མཉམ་མི་ཤིགས་པ།།
རང་བྱུང་ཡེ་ཤེས་དང་པོའི་སངས་རྒྱས་ནི།།
དྲི་བཅས་དེ་བཞིན་ཉིད་དུ་ཐམས་ཅད་ལ།།
མཁའ་བཞིན་ཀུན་གཞིར་ཡོད་པར་སྟོན་ལ་འདུད།།

zung 'jug dbyer med ro mnyam mi shigs pa //
rang byung ye shes dang po'i sangs rgyas ni //
dri bcas de bzhin nyid du thams cad la //
mkha' bzhin kun gzhir yod par ston la 'dud //

雙運、不可分、平等味、不可壞之
自在本覺、本初佛，
即有垢真如，遍一切處；
其如天空，是為一切根藏阿賴耶[④]。

---

① "幻網金剛"：སྒྱུ་འཕྲུལ་དྲྭ་བ（*sgyu 'phrul drwa ba*；英：magic net；梵：*Māyājāla*），音譯為摩耶闍藍。譯例有*Mayajala-vajrakarma-krama-nama*（སྒྱུ་འཕྲུལ་དྲ་བ་རྡོ་རྗེ་ལས་ཀྱི；*Sgyu 'phrul dra ba rdo rje las kyi*）譯為"幻網金剛業次第"。

② "密集金剛"：གསང་འདུས（*gsang 'dus*），即梵文*Guhyasamāja*，音譯為古和雅薩瑪札，藏名為桑頓多杰，意指密集金剛，又稱密聚金剛。

③ "雙運"：ཟུང་འཇུག（*zung 'jug*；英：union）。

④ "一切根藏阿賴耶"：ཀུན་གཞི（*kun gzhi*；英：basis of all, universal ground），直譯

禮敬如是教導的您!

དེ་ཉིད་དྲི་མའི་སྦུབས་ལས་གྲོལ་བའི་ཐབས།།
རྡོ་རྗེའི་རྣལ་འབྱོར་ཤེས་རབ་ཕ་རོལ་ཕྱིན།།
ཤིན་ཏུ་རྣལ་འབྱོར་ཕྱག་རྒྱ་ཆེ་སྒོམས་པ།།
ཡན་ལག་དང་བཅས་ལམ་དུ་སྟོན་ལ་འདུད།།

de nyid dri ma'i sbubs las grol grol ba'i thabs //
rdo rje'i rnal 'byor shes shes rab pha rol phyin //
shin tu rnal 'byor phyag rgya che sgoms pa //
yan lag dang bcas lam du ston la 'dud //

此正是能離染垢覆蓋之方便:
依金剛六支瑜伽、圓滿智慧般若波羅蜜、
阿底瑜伽大圓滿及各支大手印修習為法道。
禮敬如是教導的您!

གཞི་ལ་བཞུགས་པ་ལམ་གྱི་ཐབས་མཆོག་གིས།།
སྒྲིབ་དང་རྩོལ་སོགས་དངས་བའི་ནམ་མཁའ་བཞིན།།
དྲི་མ་ཀུན་སྤངས་དྲི་མེད་དེ་བཞིན་ཉིད།།
མངོན་དུ་གྱུར་ཙམ་འབྲས་བུར་སྟོན་ལ་འདུད།།

為“一切根基”, 指心與現象, 淨與不淨的共同根基。ཀུན་གཞི (*kun gzhi*) 的梵文即是“*ālaya*”——阿賴耶識, 或藏識, 梵文即“儲藏庫”的意思。ཀུན་གཞི (*kun gzhi*) 即一切根基的本覺智, 故此處譯為“一切根藏阿賴耶”。

gzhi la bzhugs pa lam gyi thabs mchog gis //
sprin dang rdul sogs dangs ba'i nam mkha' bzhin //
dri ma kun spangs dri med de bzhin nyid //
mngon du gyur tsam 'bras bur ston la 'dud //

基中本存勝妙道；
如無雲塵之晴空。
實證染污盡除後之無垢真如不過是果[①]。
禮敬如是教導的您！

འགྱུར་མེད་འོད་གསལ་[②]རྣམ་པར་མི་རྟོག་པའི།།
ཡེ་ཤེས་ཚོགས་ཀྱིས་རང་བྱུང་ཡེ་ཤེས་ཀྱི།།
དྲི་མའི་སྒྲིབས་བཅོམ་དོན་དམ་ཆོས་སྐུ་ཡིས།།
རང་དོན་ཕུན་ཚོགས་གྲུབ་པར་སྟོན་ལ་འདུད།།

---

① “實證染污盡除後之無垢真如不過是果”：དྲི་མ་ཀུན་སྤངས་དྲི་མེད་དེ་བཞིན་ཉིད།།མངོན་དུ་གྱུར་ཙམ་འབྲས་བུར（*dri ma kun spangs dri med de bzhin nyid // mngon du gyur tsam 'bras bur*），意即：實證那個“除去染污之後的無垢真如”，只不過是把原來就存在的“基”，實證為道“果”而已，理由就是第一句的“基中本來就存在的勝妙道”。

② གསལ：不丹原江孜版中此處作གསོལ（*gsol*），壤塘版和北京版皆作གསལ（*gsal*）。見附錄五：不丹原江孜版、壤塘版、北京版逐字比對，不丹原江孜版第689頁。འོད་གསལ（*'od gsal*）意即“明光；英：clear light”。གསོལ（*gsol*）意為“乞求、供養；英：beg，make an offering”，與本段上下文無關。故採用壤塘和北京版的གསལ（*gsal*）。

'gyur med 'od gsal[①] rnam par mi rtog pa'i //
ye shes tshogs kyis rang byung ye shes kyi //
dri ma'i sbubs bcom don dam chos sku yis //
rang don phun tshogs grub par ston la 'dud //

不變明光是無分別的。
以具足智慧摧毀自在本覺上之染垢，
勝義法身成就圓滿自利。
禮敬如是教導的您！

མ་རྟོགས་འགྲོ་ལ་བརྩེ་ཆེན་ལྷག་བསམ་གྱིས།།
ཕན་དང་བདེ་སྒྲུབ་བསོད་ནམས་ཚོགས་ཀྱིས་ནི།།
ཀུན་རྫོབ་གཟུགས་སྐུ་ཕུན་ཚོགས་རབ་བསྐྱེད་ནས།།
གཞན་དོན་ཕུན་ཚོགས་གྲུབ་པར་སྟོན་ལ་འདུད།།

ma rtogs 'gro la brtse chen lhag bsam gyis //
phan dang bde sgrub bsod nams tshogs kyis ni //
kun rdzob gzugs sku phun tshogs rab bskyed nas //
gzhan don phun tshogs grub par ston la 'dud //

對迷途無知[②]者生起廣大慈悲增上意樂，

---

① 見上 གསལ (*gsal*) 注。

② “無知”：來自四川壤塘版所用之 མ་རྟོགས (*ma rtogs*; 英: without understanding)，即本譯文此處所採用; 不丹原江孜版用 མར་གྱུར (*mar gyur*; 英: maternal; 母性、母體)，和上下文意不符，可能是抄寫錯誤，故不採用。北京版顯

成就利益和喜樂之功德聚，
普生圓滿世俗二色身，
成就圓滿利他。
禮敬如是教導的您！

སྨོན་ལམ་རྒྱ་མཚོ་ཡོངས་སུ་རྫོགས་པ་དང་།།
སེམས་ཅན་རྒྱ་མཚོ་ཡོངས་སུ་སྨིན་པ་དང་།།
ཞིང་ཁམས་རྒྱ་མཚོ་ཡོངས་སུ་དག་བྱས་ནས།།
ཡང་དག་མཐའ་ལ་ཐིམ་པར་སྟོན་ལ་འདུད།།

smon lam rgya mtsho yongs su rdzogs pa dang //
sems can rgya mtsho yongs su smin pa dang //
zhing khams rgya mtsho yongs su dag byas nas //
yang dag mtha' la thim par ston la 'dud //

圓滿成就一大海的祈願，
圓滿成熟一大海的有情，
圓滿清淨一大海的淨土後，
自身融入真際[①]。
禮敬如是教導的您！

然是沿用不丹原江孜版，見附錄五：不丹原江孜版、壤塘版、北京版逐字比對，不丹原江孜版的第691頁的最後一行。

① “真際”：ཡང་དག་མཐའ（*yang dag mtha'*），指“真實”（ཡང་དག；*yang dag*）之“本際”（མཐའ；*mtha'*）。

བུམ་བཟང་ཉི་མ་ནོར་བུ་དཔག་བསམ་ཤིང་།།
ལྷ་ཡི་རྔ་བཞིན་མི་འབད་མི་རྟོག་ཀྱང་།།
སྔོན་གྱི་འཕེན་པས་གཞན་ཕན་ལྷུན་གྲུབ་ཏུ།།
ཕྱོགས་དུས་ཀུན་ཏུ་འབྱུང་བར་སྟོན་ལ་འདུད།།

bum bzang nyi ma nor bu dpag bsam shing //
lha yi rnga bzhin mi 'bad mi rtog kyang //
sngon gyi 'phen pas gzhan phan lhun grub tu //
phyogs dus kun tu 'byung bar ston la 'dud //

如同如意寶瓶、太陽、珠寶、滿願樹、聖鼓，
不由功用，亦無需作意，
由夙願力故，隨時隨地任運利眾。
禮敬如是教導的您！

ཆོས་འཁོར་མཐར་ཐུག་འཁོར་ལོ་ཐ་མ་ལ།།
ཐེག་པའི་མཐར་ཐུག་ཐེག་པ་ཆེན་པོ་དང་།།
ཐེག་ཆེན་མཐར་ཐུག་སྙིང་པོའི་ཐེག་པ་དང་།།
སྙིང་པོའི་མཐར་ཐུག་བདེ་ཆེན་སྟོན་ལ་འདུད།།

chos 'khor mthar thug 'khor lo tha ma la //
theg pa'i mthar thug theg pa chen po dang //
theg chen mthar thug snying po'i theg pa dang //
snying po'i mthar thug bde chen ston la 'dud //

究竟[1]法輪是終轉法輪；
究竟乘是大乘；
究竟大乘是藏乘[2]；
究竟藏是大樂。
禮敬如是教導的您！

བསྟན་པའི་མཐར་ཐུག་ཐེག་པ་ཆེན་པོ་དང་།།
ཐེག་ཆེན་མཐར་ཐུག་སྔགས་ཀྱི་ཐེག་པ་དང་།།
སྔགས་ཀྱི་མཐར་ཐུག་དུས་ཀྱི་འཁོར་ལོ་དང་།།
དུས་འཁོར་མཐར་ཐུག་བདེ་སྟོང་སྟོན་ལ་འདུད།།

bstan pa'i mthar thug theg pa chen po dang //
theg chen mthar thug sngags kyi theg pa dang //
sngags kyi mthar thug dus kyi 'khor lo dang //
dus 'khor mthar thug bde stong ston la 'dud //

---

① "究竟"：此段以下所有的"究竟"མཐར་ཐུག（*mthar thug*），都不應和"勝義"（*don dam*）混淆。 *mthar thug* 和 *don dam* 雖然在英文常同樣譯為"ultimate"，造成從英文翻譯成漢文的時候常常把兩者都翻譯為"究竟"，但是篤補巴此文對這兩個詞彙有明顯的區分，而且對仗工整。在本文中，*don dam*專指究竟而勝義的善逝如來藏，*mthar thug* 則比較廣泛地形容其他和究竟實相有關的概念，比如此處和後段的"究竟法輪"、"究竟壇城"、"究竟弟子"等等。

② "究竟大乘是藏乘"：ཐེག་ཆེན་མཐར་ཐུག་སྙིང་པོའི་ཐེག་པ（*theg chen mthar thug snying po'i theg pa*），此句明譯為"大乘中最心藏乘"，不容易看懂是什麼意思。藏乘在此即指如來藏，或善逝如來藏（sugata essence）。

究竟法義是大乘;
究竟大乘是密乘;
究竟密教是時輪;
究竟時輪是樂空。
禮敬如是教導的您!

གྲུབ་མཐའི་མཐར་ཐུག་དབུ་མ་ཆེན་པོ་དང་།།
དབུ་མའི་མཐར་ཐུག་སྐྱེ་མེད་མཐའ་བྲལ་དང་།།
མཐའ་བྲལ་མཐར་ཐུག་རང་བཞིན་འོད་གསལ་དང་།།
འོད་གསལ་མཐར་ཐུག་བདེ་ཆེན་སྟོན་ལ་འདུད།།

grub mtha'i mthar thug dbu ma chen po dang //
dbu ma'i mthar thug skye med mtha' bral dang //
mtha' bral mthar thug rang bzhin 'od gsal dang //
'od gsal mthar thug bde chen ston la 'dud //

究竟宗義即大中觀;
究竟中觀即無生離邊;
究竟離邊即自性明光;
究竟明光即大樂。
禮敬如是教導的您!

ལྟ་བའི་མཐར་ཐུག་མཐའ་བྲལ་སྟོང་ཉིད་དང་།།
སྟོང་ཉིད་མཐར་ཐུག་དམིགས་བཅས་སྟོང་ཉིད་དང་།།
སྤྱོད་པའི་མཐར་ཐུག་སྙིང་རྗེ་ཆེན་པོ་དང་།།
སྙིང་རྗེའི་མཐར་ཐུག་དམིགས་མེད་སྟོན་ལ་འདུད།།

lta ba'i mthar thug mtha' bral stong nyid dang //
stong nyid mthar thug dmigs bcas stong nyid dang //
spyod pa'i mthar thug snying rje chen po dang //
snying rje'i mthar thug dmigs med ston la 'dud //

究竟見即離邊之空性；
究竟空性即有所緣之空性①；
究竟行即大悲；
究竟大悲即無所緣。
禮敬如是教導的您！

དབང་གི་མཐར་ཐུག་འཇུག་རྟེན་འདས་པའི་དབང་།།
སྒྲུབ་པའི་མཐར་ཐུག་རྫོགས་རིམ་ངེས་པའི་དོན།།
དངོས་གྲུབ་མཐར་ཐུག་མཆོག་གི་དངོས་གྲུབ་ཆེ།།
སློབ་མའི་མཐར་ཐུག་དོན་དུ་སྟོན་ལ་འདུད།།

dbang gi mthar thug 'jug rten 'das pa'i dbang //

---

① “有所緣之空性”：藏文為 དམིགས་བཅས་སྟོང་ཉིད (*dmigs bcas stong nyid*)，其中 དམིགས་བཅས (*dmigs bcas*) 即梵文*sālambana*，漢譯作“有所緣”、“有緣緣”，如《阿毘達磨俱舍釋論》中，梵文有“*sapta sālambanāś cittadhātavaḥ*”，真諦譯作“七識**有緣緣**”，玄奘譯作“七心法界半，**有所緣**餘無”，勝友（*Jinamitra*）藏譯為“དམིགས་བཅས་སེམས་ཀྱི་ཁམས་བདུན་ནོ”（*dmigs bcas sems kyi khams bdun no /*）。故此處譯為“有所緣之空性”。另外，此“有所緣”亦與後句的“究竟大悲即無所緣”對應，後句的無所緣即是“དམིགས་མེད”（*dmigs med*）。（粗體和下劃線為本譯者所加）

sgrub pa'i mthar thug rdzogs rim nges pa'i don //
dngos grub mthar thug mchog gi dngos grub che //
slob ma'i mthar thug don du ston la 'dud //

究竟灌頂即出世灌頂①；
究竟正行②即圓滿次第③決定義；
究竟成就即大妙成就④。
禮敬為利益究竟弟子如是教導的您！

དཀྱིལ་འཁོར་མཐར་ཐུག་རང་བཞིན་འོད་གསལ་མཆོག།
ལྷ་ཡི་མཐར་ཐུག་བདེ་སྟོང་ཡེ་ཤེས་སྐུ།།

---

① “出世灌頂”：རྟེན་འདས་པའི་དབང（*rten 'das pa'i dbang*；英：transcendent initiation），直譯為“出世灌頂”，為“最終灌頂”，又稱“勝義灌頂”、“第四灌頂”。經此灌頂後，可使弟子心性達到一個高級境界。此灌頂於各派皆有：寧瑪派稱此為“大圓滿灌頂”，噶舉派稱此為“大手印灌頂”，格魯派稱此為“名詞灌頂”。

② “正行”：སྒྲུབ་པའི（*sgrub pa'i*），例如 སྒྲུབ་པའི་མཆོད་པ（*sgrub pa'i mchod pa*）譯為“正行供養”，སྒྲུབ་པའི་ཡོན་ཏན་གྱི་ཁྱད་པར（*sgrub pa'i yon tan gyi khyad par*）譯為“正行功德殊勝”。

③ “圓滿次第”：རྫོགས་རིམ（*rdzogs rim*；英：completion stage），相對於“creation stage”（生起次第）。

④ “大妙成就”：མཆོག་གི་དངོས་གྲུབ་ཆེ（*mchog gi dngos grub che*），即“最上成就”、“出世成就”，斯特恩斯英譯作“the great sublime attainment”，Jim Valby 直接譯作“buddhahood”，即“成佛、佛地、佛果”。

ཕྱག་རྒྱའི་མཐར་ཐུག་འོད་གསལ་ཕྱག་①རྒྱ་ཆེ།།
སྔགས་ཀྱི་མཐར་ཐུག་ཡིད་སྐྱོབ་སྟོན་ལ་འདུད།།

dkyil 'khor mthar thug rang bzhin 'od gsal mchog //
lha yi mthar thug bde stong ye shes sku //
phyag rgya'i mthar thug 'od gsal phyag② rgya che //
sngags kyi mthar thug yid skyob ston la 'dud //

究竟壇城③即自性妙明；
究竟本尊④即樂空智身；
究竟印即明光大手印；
究竟咒則保護心意⑤。

---

① ཕྱག：不丹原江孜版作 ཕྱག（*pyag*），壤塘版和北京版作 ཕྱག（*phyag*）。見附錄五：不丹原江孜版、壤塘版、北京版逐字比對，不丹原江孜版第693頁。ཕྱག་རྒྱ་ཆེ（*phyag rgya che*）即“大手印”，ཕྱག་རྒྱ་ཆེ（*pyag rgya che*）沒有意義。此處採 ཕྱག（*phyag*）。

② 見上ཕྱག（*phyag*）注。

③ “壇城”：དཀྱིལ་འཁོར（*dkyil 'khor*）即梵文*maṇḍala*，有譯作壇城、曼達拉、曼陀羅、曼荼羅。

④ “究竟本尊”：ལྷ་ཡི་མཐར་ཐུག（*lha yi mthar thug*；英：the ultimate deity），聶溫·袞噶白此處說明這個“究竟本尊”即是“本覺身”（ཡེ་ཤེས་སྐུ；*ye shes sku*；英：kāya of the primordial awareness）。

⑤ “究竟咒則保護心意”：སྔགས་ཀྱི་མཐར་ཐུག་ཡིད་སྐྱོབ་སྟོན（*sngags kyi mthar thug yid skyob ston*），即“究竟防護輪”的作用。此處將咒（梵：*mantra*）的字源說出：*man*指“心識”，*tra*指“保護”。

禮敬如是教導的您!

གཞི་ཡི་མཐར་ཐུག་དྲི་བཅས་དེ་བཞིན་ཉིད།།
ལམ་གྱི་མཐར་ཐུག་སྦྱོར་བ་ཡན་ལག་དྲུག།
འབྲས་བུའི་མཐར་ཐུག་བྲལ་འབྲས་དེ་བཞིན་ཉིད།།
ཆོས་ཀྱི་མཐར་ཐུག་རྫོགས་པར་སྟོན་ལ་འདུད།།

gzhi yi mthar thug dri bcas de bzhin nyid //
lam gyi mthar thug sbyor ba yan lag drug //
'bras bu'i mthar thug bral 'bras de bzhin nyid //
chos kyi mthar thug rdzogs par ston la 'dud //

究竟基即有垢真如;
究竟道即六支瑜伽;
究竟果即離繫[①]之真如。
禮敬教導如是究竟圓滿法教的您!

བསྟན་པ་སྤྱི་འགྲེལ་ཞེས་བྱ་བའི་གསོལ་འདེབས་འདི།།
ཆོས་རྗེ་བླ་མ་དམ་པ་རྣམས་ཀྱི་དྲིན་དུ་གྱུར་པ།།
ཤེས་རབ་རྒྱལ་མཚན་དཔལ་བཟང་པོས་བསྡེབས་པའོ།།

---

① “離繫”:指有垢真如與染垢分離後之離繫果,即遠離客塵之法身。《究竟一乘寶性論 辨三寶種性中 功德品 第三》:“自利他利勝義身,及依彼者世俗身,離繫果與異熟果,功德分類六十四。 自利圓滿功德處,即一切佛勝義身,他利圓滿功德處,即一切佛世俗身。”

དགེ་བ་འདི་ཡིས་བདག་དང་སེམས་ཅན་ཀུན།།
བྲལ་འབྲས་དོན་དམ་ཆོས་སྐུ་མངོན་གྱུར་ནས།།
བསྐྱེད་འབྲས་ཀུན་རྫོབ་གཟུགས་སྐུ་རྣམ་གཉིས་ཀྱིས།།
འཁོར་བ་སྲིད་དུ་གཞན་དོན་བྱེད་པར་ཤོག།།

bstan pa spyi 'grel zhes bya ba'i gsol 'debs 'di //
chos rje bla ma dam pa rnams kyi bran du gyur pa //
shes rab rgyal mtshan dpal bzang pos bsdebs pa'o //

dge pa 'di yis bdag dang sems can kun //
bral 'bras don dam chos sku mngon gyur nas //
bskyed 'bras kun rdzob gzugs sku rnam gnyis kyis //
'khor ba srid du gzhan don byed par shog //

此名為《佛教總釋》之祈禱文，
乃由一切殊勝法主之忠僕，
喜饒·堅贊·帕桑波所造。

以此功德，祈願我及一切眾生：
證悟勝義法身之離繫果；
以所生之世俗二色身①，
盡輪迴際，精進利他。

ཇི་སྲིད་དེ་མ་ཐོབ་པ་དེ་སྲིད་དུ།

---

① “二色身”：見前注。

འཁོར་ལོ་རིམ་གསུམ་ཁྱུད་པར་གསང་སྔགས་ཀྱིས།།
རང་གཞན་བདེ་གཤེགས་སྙིང་པོའི་དྲི་མ་རྣམས།།
རིམས་བཞིན་སྦྱོང་① ལ་རྟག་ཏུ་བརྩོན་པར་ཤོག།

ji srid de ma thob pa de srid du //
'khor lo rim gsum khyud par gsang sngags kyis //
rang gzhan bde gshegs snying po'i dri ma rnams //
rims bzhin sbyong② la rtag tu brtson par shog //

直至得證前,
願我永恆精進,
謹遵三轉法輪, 特別依密咒,
次第清淨自他善逝如來藏上之垢染!

མངྒ་ལཾ།། བྷ་ཝན་ཏུ།།

Maṅgalaṃ bhavantu

祈願吉祥! ③

---

① སྦྱོང: 不丹原江孜版此處破損無法辨認, 北京版缺, 壤塘版作སྦྱོང (*sbyong*)。見附錄五: 不丹原江孜版、壤塘版、北京版逐字比對, 不丹原江孜版第694頁。此處入壤塘版之སྦྱོང (*sbyong*)。

② 見上སྦྱོང (*sbyong*) 注。

③ 文末的梵文讚嘆詞*Maṅgalaṃ bhavantu*, 意為"May it be auspicious!"(願一切吉祥), 壤塘版中有, 聶溫·袞噶白的注釋中也有, 但不丹原江孜版和北京版中無。

3–3) 本漢譯與明譯比較

唵 咕嚕布怛菩提薩埵毗喝優南無那麻
(唵! 禮敬上師、世尊、諸大菩薩!)

明譯: 唵孤嚕不答菩提薩埵(藥必二合)捺麼捺麻

比較: "藥必二和" 應為 "必藥二和" 之誤, 原文請見附錄二:《佛教總釋》明譯。 此處藏文為བྷྱོ(*bhyo*), 此字之譯法, 於前章同段處已論述, 見3-2) 藏漢對照及注釋。

法主、殊勝上師、應化身之無垢蓮足!
恭敬頂禮五體投地皈命!
祈求一切時地以大慈攝受我!

明譯: 皈命敬禮法尊最妙上師化身蓮花足,
具大慈悲願垂攝受!

比較: 此處藏文原有三句, 明譯僅剩兩句。 明譯不只將藏文第二句全部刪除, 更將第三句之 "一切時地" 刪除。 篤補巴此文結構緊密, 每一段的禮敬用字皆次第對應其禮敬對象——從對佛恭敬頂禮五體投地, 到對上師頭面禮足, 到對其他教師禮敬——正如篤補巴不斷強調之三轉法輪嚴謹次第。 篤補巴所強調之 "次第", 不僅在文意中, 也在其文學手法中; 這些手法在篤補巴其他的作品, 例如《第四結集論》中, 不斷出現, 和理解篤補巴的真義息息相關。明譯不但此段完全刪除禮敬句，後面段落的禮敬句也不忠實對應藏文，呈現出譯者隨意用字的情況。造成的結果是，撓挫了篤補巴原文應給予讀者的嚴謹次第感。第三句中明譯缺漏的“一切時地”，ཐམས་ཅད་དུ (*thams cad du*; 英：everywhere, at all times)，呼應此文下段出現的“遍入任運自在成就”（འཕྲིན་ལས་མཁའ་ཁྱབ་ལྷུན་གྱིས་གྲུབ་མཛད་པ། ; 'phrin las mkha' khyab lhun gyis grub mdzad pa /）中的“遍入”（མཁའ་ཁྱབ; mkha' khyab），明譯將之刪除後，破壞了結構。

常固不變珍貴法主仁波切，
遍入任運自在成就，
灼然開示無謬勝義決定密。
頭面禮足具足四法依之上師！

明譯：（缺）

比較：此段明譯全缺。此段為篤補巴全篇之破題，亦為全文大乘法義之定錨。其作用可比釋迦牟尼佛先說廣闊高遠而法義完整的大乘《華嚴經》，後以初轉法輪（轉阿含經等四諦法輪）、二轉法輪（轉般若經等一切法空法輪，為不了義經）、三轉法輪（為瑜伽行教了義經法輪），次第拾級而上。篤補巴在此段先點明本篇最高的大乘宗旨：“常固永存、遍入任運、自在成就、無謬究竟了義密”，再於下一段由二乘“有為法”拾級而上，正如法主釋迦牟尼佛說法之次第。明譯無此段，造成全篇破題變成下一段的“一切有為法，無常、不固、變異”之二乘法，使漢地讀者誤會篤補巴的破題即是推崇二乘法。將此段刪除的效果是抬高了二乘法在本文中的地位，降低和稀釋了本文大乘宗旨。

一切有為法，如峻嶺瀑、
如雲、如電、亦如草尖露，
無常、不固、變異。
頭面禮足如是正授之上師！

明譯：有為諸法如流水，
如雲如電亦如露，
無常變遷不堅牢，
善演上師恭敬禮。

比較："峻嶺瀑"：རི་གཟར་འབབ་ཆུ（*ri gzar 'bab chu*）。རི（*ri*）是"山"，འབབ་ཆུ（*'bab chu*）是"瀑布"，གཟར（*gzar*）是"陡峭、險峻"。本篇是覺囊派的總持和禱祝，覺囊弟子人人皆詳熟背誦。以生動的譬喻和意象來幫助弟子記憶，原本就是篤補巴的慈悲善巧。此處本譯者譯為"峻嶺瀑"，試圖還原"高山峻嶺間萬丈水簾一瀉而下"之動態，以忠實於篤補巴強調"有為法看似實有，其實虛妄"的強烈意象。篤補巴這樣有畫面的用字，在明譯中不但"瀑布"被弱化為乏味的"流水"，連"山"亦刪去，更別提"陡峭"，本譯者認為相當可惜。斯特恩斯英譯為"mountain waterfall"（山間瀑），雖然少了"險峻"，但至少把"山"和"瀑布"譯出。

"草尖露"：རྩ་རྩེའི་ཟིལ་པ（*rtsa rtse'i zil pa*）。རྩ（*rtsa*）是"草"，རྩེའི（*rtse'i*）是"尖"，ཟིལ་པ（*zil pa*）是"露水"。"草尖露"傳達

了“草尖上的一丁點少得可憐的露珠，若有似無，瞬間即蒸發”。這是篤補巴意象鮮明筆法的另一實例。明譯在此只譯出了索然無味的“露”一字，無有意象可言。斯特恩斯則英譯為“dew on a blade of grass”（草葉露）——雖然把“草”譯出，但是少了“尖”，讀來感覺畫龍未點睛。

“無常、不固、變異”：此處藏文མི་རྟག་མི་བརྟན་འགྱུར་བའི་ཆོས་ཅན（*mi rtag mi brtan 'gyur ba'i chos can*）乃對應之前的“常固不變”（即“常固雍仲”）རྟག་བརྟན་གཡུང་དྲུང（*rtag brtan g.yung drung*）。“常”རྟག（*rtag*）加上否定詞མི（*mi*）就是“無常”；固བརྟན（*brtan*）加上否定詞མི（*mi*）就是“不固”。明譯此處作“無常變遷不堅牢”，是把“不堅牢”（不固）移到最後，失去和“常固不變”的詞性對仗。

“頭面禮足”：明譯此處只有“恭敬禮”。藏文ཞབས་ལ་འདུད（*zhabs la 'dud*）特別點出“足”ཞབས（*zhabs*）。本文每段都有的“禮敬句”，具次第性——從一開始的“五體投地”（有“地”字），到此處的“頭面禮足”（有“足”字），到後面的“禮敬”（沒有“足”字），井然有序。明譯於全篇禮敬句可說是隨意發揮，並不忠實於原文，無次第可言。斯特恩斯的英譯對於每一段的禮敬句處理則相當嚴謹——該有“地”之處用“prostrate”（五體投地），該有“足”之處用“bow at the feet”（禮足），無“地”無“足”處則譯為“bow”。如此嚴謹忠實於原文，本譯者相當認同。

如火坑燒灼、如毒蛇噬齧，

亦如蜜蜂繞壺內，

三界自性悉皆苦。

頭面禮足如是教導之上師！

明譯：猶如火坑毒蛇吞，
亦如蜜蜂繞瓶中，
三界自性悉是苦，
善演上師恭敬禮。

染垢色身執為淨，

如童愚貪愛外表嚴飾，

卻內藏吐穢之瓶。

頭面禮足如是教導之上師！

明譯：以此垢身而為淨，
譬如莊嚴不淨瓶，
愚迷凡夫起貪愛，
善演上師恭敬禮。

比較：篤補巴原文用了十分生動而具象的"童愚"（མི་ཤེས་བྱིས་པ; *mi shes byis pa*）、"吐穢"（ངན་སྐྱུགས; *ngan skyugs*）等詞彙。斯特恩斯也忠實地翻作生動的"ignorant children"（無知小孩）和"vomit"（嘔吐物）。明譯此處翻作"凡夫"，和"不淨"，語言乏味。

令貪愛輪迴的有情眾生，

對無常和不淨生起厭離和憂悲；

令其修習無我空寂之道。
頭面禮足教導四聖諦之上師！

明譯：貪著輪迴諸眾生，
無常不淨生厭離，
令修無我空寂道，
善演四諦師敬禮。

比較：明譯的“貪著輪迴諸眾生，無常不淨生厭離”，讀者可能誤會成“貪著輪迴諸眾生，對無常不淨自行生起厭離”，但其實篤補巴的意思是“貪著輪迴諸眾生，是對無常不淨無法生起厭離的；是上師的教導，才令貪著輪迴諸眾生，對無常不淨生起厭離”。本漢譯和斯特恩斯的英譯都没有誤會的可能性。另外，此句明譯漏譯སྐྱོ（*skyo*；英：sadness）字，其意為憂愁、悲苦、傷心。本譯文忠於原文，保留“憂悲”，故譯為“生起厭離和憂悲”。斯特恩斯的英譯此句是“I bow at the feet of the masters who cause sentient beings who like *Saṃsāra to* feel revulsion and <u>sadness</u> toward the impermanent and the impure”（下劃線為本譯者所加），則無缺漏“憂悲”。

一切諸法但從緣生，
無我、無眾生、無壽者、無作者。
如夢、如幻、如陽焰、如谷響。
頭面禮足如是教導之上師！

明譯：諸法悉皆從緣生，

本無我人、生、壽者，

猶如夢、幻、焰、空谷，

善演上師恭敬禮。

比較：“無我、無衆生、無壽者、無作者”：此句明譯為“本無我人、生、壽者”，明譯含糊地把此“四者”，以《金剛經》的印象，籠統帶入。本譯者於此處論證此譯法是嚴重的錯誤，因其漏失四者中的“作者”。細觀原文，此句是 བདག་དང་སེམས་ཅན་སྲོག་དང་བྱེད་པོ་མེད། (*bdag dang sems can srog dang byed po med /*)，其最後一字“*med*”是否定詞“無”，用以否定前面四者。四者為1. *bdag*（我）; 2. *sems can*（衆生）; 3. *srog*（壽者）; 4. *byed po*（作者）。明譯漏失的“作者”（བྱེད་པོ；*byed po*），在經論中是重要名相，不可含糊刪除。以下舉例證明（粗體和下劃線為本譯者所加）：龍樹菩薩的《中觀根本論》，有“決定有**作者**，不作決定業；決定無**作者**，不作無定業”（བྱེད་པོ་ཡིན་པར་གྱུར་པ་དེ། ལས་སུ་གྱུར་པ་མི་བྱེད་དོ། བྱེད་པོ་མ་ཡིན་གྱུར་པ་ཡང་། ལས་སུ་མ་གྱུར་མི་བྱེད་དོ།; ***byed po*** *yin par gyur pa de / las su gyur pa mi byed do /* ***byed po*** *ma yin gyur pa yang / las su ma gyur mi byed do /*），又例如無著菩薩的《大乘莊嚴論》，有“人非**作者**故，用非常起故；起非一時故，自起則不然”（བྱེད་པོ་མིན་ཕྱིར་མི་རྟག་ཕྱིར། ཅིག་ཅར་རྟག་ཏུ་འཇུག་པའི་ཕྱིར། ལྟ་ལ་སོགས་པ་བྱེད་པ་ནི། རང་འབྱུང་ཉིད་དུ་མི་རུང་ངོ༎；***byed po*** *min phyir mi rtag phyir / cig car rtag tu 'jug pa'i phyir / lta la sogs pa byed pa ni / rang 'byuṅ nyid du mi rung ngo //*）。經論中類似此等藏文和漢文的例子至少還有七、八處。故，篤補巴在此用的“作者”一詞，明譯中漏譯，本譯者認為是嚴重錯誤。

境相顯現似有，

實僅自心習氣；

心、意、識：

不過唯名、唯施設，空如虛空。

頭面禮足如是清楚教導之上師！

明譯：境相咸是心習氣，

心意識皆假稱名，

猶如虛空無自性，

善演上師恭敬禮。

教導色等蘊，

如泡、如沫、如陽焰等；

十二處如空城、十八界如毒蛇。

頭面禮足如是教導之上師！

明譯：色等蘊如生泡沫，

亦如浮漚及陽焰，

根如空房界如蛇，

善演上師恭敬禮。

比較：明譯的“根如空房界如蛇”，對應本譯的“十二處如空城、十八界如毒蛇”。其中本譯的“十二處”，藏文和英譯文皆只有“處”（སྐྱེ་མཆེད; *skye mched*; 英：sensory bases, sense-sphere）和“界”（ཁམས; *khams*; 英：constituents），沒有數字“十二”和“十八”，藏文直譯為“處如空城，界如毒蛇”。明譯無數字。但因中文讀者習慣有數字，如全知麥彭仁波切所著的《白蓮花論》，漢譯就有數字：“我即以大威勢為其宣說真諦：五蘊如敵；十二處如空城；諸法依因緣，皆為生滅性”。因此，為便利大多數漢地讀者習慣，本譯文於此處加上數字，譯為“十二處如空城”和“十八界如毒蛇”。另，明譯“根如空房界如蛇”的“根”乃錯譯。“根”的藏文是 དབང་པོ（*dbang po*；英：sense faculty），如眼根為 མིག་གི་དབང་པོ（*mig gi dbang po*；英：eye faculty），意根為 ཡིད་ཀྱི་དབང་པོ（*yid kyi dbang po*；英：mental faculty），與“處”（སྐྱེ་མཆེད；*skye mched*）有明顯區分。

輪迴涅槃一切法，
不生、不滅、不去、不來、不住，
無邊無中，各無自性。
頭面禮足教導此空性之上師！

明譯：輪迴涅槃一切法，
本離去來生住滅，
無中無際自性空，
善演上師恭敬禮。

比較：本譯第二句的“生、滅、去、來、住”，完全依照原文順序；明譯略加調換。本譯第三句“無邊無中，各無自性”，原藏文為“མཐའ་དང་དབུས་མེད་རང་རང་ངོ་བོ་ཡིས།། སྟོང་པར”（*mtha' dang dbus med rang rang ngo bo yis // stong par*），明譯作“無中無際自性空”。明譯將“མཐའ；*mtha'*”譯為“際”，而本譯採用“邊”，因為“邊”的譯法比“際”更常見。以下舉三例：一，如世親菩薩造，唐·玄奘譯之“辯中邊論”

（梵: *Madhyāntavibhaṅgabhāṣya*），藏文書名為“དབུས་དན་**མཐའ**་རྣམ་པར་འབྱེད་པའི་འགྲེལ་པ།; *Dbus dan* ***mtha'*** *rnam par 'byed pa'i 'grel pa /*”，其中的“邊”，藏文即“མཐའ; *mtha'*”。以陳·真諦的譯本來看，對應“分別二種邊”和“有無分別邊”二句的藏文是“རྣམ་པར་རྟོག་པ་གཉིས་ཀྱི་མཐའ།; rnam par rtog pa gnyis kyi mtha' / ”和“དེ་ནི་རྣམ་རྟོག་གཉིས་ཀྱི་མཐའ།; de ni rnam rtog gnyis kyi mtha' /”，亦皆是“མཐའ; *mtha'*”和“邊”對應。二，《翻譯名義大集》（*Mahāvyutpatti* 之 *sgra sbyor bam po gnyis pa* 版本片段）中，有梵文“*antavāṃś cānantavāṃś ca*”，藏譯為“**མཐའ**་ཡོད་ཀྱང་ཡོད་ལ་**མཐའ**་མེད་ཀྱང་མེད; ***mtha'*** *yod kyang yod la* ***mtha'*** *med kyang med*”，漢譯為“有盡亦非盡；亦有**邊**亦無**邊**；有**邊**亦無**邊**”。三，龍樹菩薩的《中論》，梵文有：“*śūnyeṣu sarvadharmeṣu kim anantaṃ kim antavat | kim anantam antavac ca nānantaṃ nāntavac ca kim ||*”，鳩摩羅什梵譯漢為：“一切法空故，何有**邊**無**邊**？亦**邊**亦無**邊**？非有非無**邊**？”，梵譯藏為“དངོས་པོ་ཐམས་ཅད་སྟོང་པ་ལ། **མཐའ**་ཡོད་ཅིའ་ཞིག་**མཐའ**་མེད་ཅི། **མཐའ**་དང་**མཐའ**་མེད་ཅི་ཞིག་ཡིན། **མཐའ**་དང་མཐའ་མེད་མིན་པ་ཅི།; *dngos po thams cad stong pa la /* ***mtha'*** *yod ci' zhig* ***mtha'*** *med ci /* ***mtha'*** *dang* ***mtha'*** *med ci zhig yin /* ***mtha'*** *dang* ***mtha'*** *med min pa ci /*”（以上粗體及下劃線為本譯者所加）。另外，明譯將“各無自性”中的“各”（རང་རང; *rang rang*; 各自; 英: respective, each, its own）刪除，少了篤補巴“以上諸法，一個一個都各自無自性”的強調感。最後，明譯將“無自性”譯為“自性空”，本譯者認為“自空”在覺囊派教法中，相對於“他空”，有特殊意義，應特別保留，故本譯者唯在特指相對於

“他空”之“自空”時才使用“自性空”，以免造成讀者混淆。

如瓶中藏明燈；如窮人懷珍寶——
善逝如來藏、明光法身，
存於世俗諦及客起之諸蘊內。
頭面禮足教導如是安住之上師！

明譯：如貧寶藏瓶中燈，
種種客塵煩惱中，
本有法身如來藏，
善演上師恭敬禮。

比較：“如窮人懷珍寶”，明譯作“如貧寶藏”，讀者有可能讀起來是“如同沒有寶藏”的意思；或是與“如貧寶藏瓶中燈”的“瓶中燈”合讀後，將“藏”作動詞解，讀成“如貧寶藏在瓶中燈裡”。二者皆為錯解。更嚴重地，明譯將“善逝如來藏、明光法身，存於世俗及客起之諸蘊內”（བདེ་གཤེགས་སྙིང་པོ་འོད་གསལ་ཆོས་ཀྱི་སྐུ།། ཀུན་རྫོབ་གློ་བུར་ཕུང་པོའི་སྦུབས་ནང་ན།།; *bde gshegs snying po 'od gsal chos kyi sku // kun rdzob glo bur phung po'i sbubs nang na //*）含糊譯為“種種客塵煩惱中，本有法身如來藏”，導致“明光”（འོད་གསལ; *'od gsal*）、“世俗”（ཀུན་རྫོབ; *kun rdzob*）等重要名相盡皆不見。這些法義名相，正在此處鋪陳篤補巴未來著作的綱目，譯者不應自行刪除。例如，“明光”在篤補巴最後一部巨著《第四結集論》中一再出現。“世俗”乃“二諦”（世俗諦、勝義諦）之一；而“二諦”和“三性”，正是“他空見”

的辯證基礎。 這些法義名相，不僅在《山法了義海論》和《第四結集論》中位居要角，在後代祖師如多羅那他的著作中，亦不斷提及。 此篇《佛教總釋》，為覺囊弟子人人背誦之法義綱領和總持，本譯者不認同明譯如此刪除關鍵詞彙。

遍計執及依他起之一切諸法皆非有，
但圓成法性本非無；
明辨有、無、常、斷。
頭面禮足教導如是超越［兩邊］之上師！

明譯：遍計依他皆非有，
圓成法性本非無，
分別有無離斷常，
善演上師恭敬禮。

世俗諸法皆僅從因果緣起而生，
但本來自在之勝義諦超越緣起；
分別緣起法和自在本覺間的差異。
頭面禮足教導如是慎辨之上師！

明譯：俗法因果因緣生，
真理自然離因緣，
分別緣生自然智，
善演上師恭敬禮。

比較：明譯第一句“俗法因果因緣生”，可以解讀為“俗法因果，是因緣所生”，但原文的意思是，因果是生俗法的，不是被因緣生的。斯特恩斯的英譯則與本譯文同，無有歧義：“All relative phenomena are merely the dependent origination of cause and result,....”。明譯第二句“真理自然離因緣”，將“本來自在之勝義諦”矮化簡化為非佛教名相的一般詞彙“真理”；此舉不但將“本來自在”（རང་བྱུང་; *rang yung*）此一重要大乘法義刪除了，亦將“勝義諦”（དོན་དམ; *don dam*）在此篇總持中的首次出場抹殺。如前所述，“勝義諦”和“世俗諦”是他空見論證的奠基法義，致使明譯之大乘成分降低和他空見法義失真。

內外諸法不過是無明迷謬輪轉，
而餘者為法性、自在本覺；
區別識、智、輪、涅，及世俗、勝義二諦之差異。
頭面禮足教導如是分別之上師！

明譯：內外諸法皆無明，
餘是法性自然智，
識智輪圓真俗理，
善演上師恭敬禮。

比較：第一句“內外諸法不過是無明迷謬輪轉”，明譯只有“無明”，没有“迷謬輪轉”（འཁྲུལ་འཁོར；*'khrul 'khor*；英：vicious circle of confusion），而且將“不過”（ཙམ; *tsam*; 英：only, merely, just）換成了“皆”。此處是篤補巴生動寫作風格的展示，以“不過、僅僅、只是”來強調內外諸法的虛妄無價值，以“迷謬輪轉”的動態畫面來加深弟子印象。明譯用的“皆”字並無大錯,但是失去強調的意味。明譯刪去“迷謬輪轉”,則除了失去生動感,還失去了與下一段呼應對仗的文意,見下段。

世俗三界不過是迷謬增益幻相,
然勝義三界、善逝如來藏,
則為不壞、不妄、不謬之相。
頭面禮足教導如是區分之上師!

明譯:俗相三有皆不真,
真理三有如來藏,
不變不假不謬相,
善演上師恭敬禮。

比較:明譯的第一句“俗相三有皆不真”,是中文常見的省略動詞“是”的語法,也就是“俗相三有[皆是]不真的”。故,第二句“真理三有如來藏”,依照第一句在讀者心中已經形成的定錨效應,會引導讀者依照第一句的語法,解讀成“真理三有[**即是**]如來藏”,但第二句的意思不是這樣。第二句的意思是“真理三有[**以及**]如來藏”,而其動詞是第三句的“**為**不壞、不妄、不謬之相”的“為”。如果讀者不慎依照“真理三有即是如來藏”來解讀,則會造成一連串過失——因為如來藏含攝三有,並非等於三有;“含攝”不等於“即是”,是篤補巴之《山法了義海論》和多羅那他《他空見要義》一再論及的重點。又,原文第三句出現了མ་འཁྲུལ (*ma 'khrul*),即“不謬”,正與原文上一段的“迷謬輪轉”(འཁྲུལ་འཁོར; *'khrul 'khor*;

英：vicious circle of confusion）中的“迷謬”（འཁྲུལ; *'khrul*; 英：confusion）以同一字對應，也和本段第一句“世俗三界不過是迷謬增益幻相”（ཀུན་རྫོབ་སྲིད་གསུམ་འཁྲུལ་སྣང་སྒྲོ་བཏགས་ཙམ།; *kun rdzob srid gsum 'khrul snang sgro btags tsam /*）中的“迷謬”（འཁྲུལ; *'khrul*）以同一字對應；三處本互相呼應，文意連貫。但明譯中，三處的用字為“不真”、“無明”、“不謬”，用字不一致，失去嚴謹對應性。

四聖諦法輪義、
無相法輪義、
勝義決定法輪義。
頭面禮足教導此意旨之上師！

明譯：所轉四諦之法輪，
本無自性之法輪，
真理定相法輪義，
善演上師恭敬禮。

比較：第二句是“無相法輪義”，並非明譯的“本無自性之法輪”。第二句原文為མཚན་ཉིད་མེད་པའི་ཆོས་ཀྱི་འཁོར་ལོ་དང་།（*mtshan nyid med pa'i chos kyi 'khor lo dang /*），其中前兩個字 མཚན་ཉིད（*mtshan nyid*）即是梵文的*lakṣaṇa*（相、定義；英：characteristics, definition）。梵文 *lakṣaṇa* 一字自古即譯成漢文“相”及藏文“*mtshan nyid*”或“*mtshan*”，三者近乎同義字。

以下舉三例：

一.《維摩詰經》：

梵文*naika**lakṣaṇaṃ** na nānā**lakṣaṇam*** | 一句，譯師法戒

(*Chos nyid tshul khrims*)梵譯藏為：མཚན་ཉིད་གཅིག་པ་ཡང་མ་ལགས་པ། མཚན་ཉིད་ཐ་དད་པ་ཡང་མ་ལགས་པ། ***mtshan nyid*** *gcig pa yang ma lags pa /* ***mtshan nyid*** *tha dad pa yang ma lags pa /*, 將梵文"*lakṣaṇa*"對應為藏文"*mtshan nyid*"。

支謙梵譯漢為"不一相不非相"

鳩摩羅什梵譯漢為"不一相不異相"

玄奘梵譯漢為"非一相非異相"

以上三位漢譯師皆將梵文"*lakṣaṇa*"對應為"相"字，非"性"字。

二. 龍樹《中論》:

lakṣaṇā*saṃpravṛttau ca na lakṣyam upapadyate |*

lakṣyasyānupapattau ca ***lakṣaṇa****syāpy asaṃbhavaḥ |*

藏譯師覺若龍幢(*Cog ro Klu'i rgyal mtshan*)梵譯藏為:

མཚན་ཉིད་འཇུག་པ་མ་ཡིན་ན། མཚན་གཞི་འཐད་པར་མི་འགྱུར་རོ།

མཚན་གཞི་འཐད་པ་མ་ཡིན་ན། མཚན་ཉིད་ཀྱང་ནི་ཡོད་མ་ཡིན།

mtshan nyid *'jug pa ma yin na / mtshan gzhi 'thad par mi 'gyur ro / mtshan gzhi 'thad pa ma yin na /* ***mtshan nyid*** *kyang ni yod ma yin /*

鳩摩羅什梵譯漢為:

"**相**法無有故，可相法亦無；可相法無故，**相**法亦復無。"

三.《究竟一乘寶性論》:

*tad yathā pratyaya****lakṣaṇaṃ*** *hetu****lakṣaṇaṃ*** *saṃbhava****lakṣaṇaṃ*** *vibhava****lakṣaṇam*** *iti | tatra pratyaya****lakṣaṇam*** *avidyāvāsabhūmir avidyeva saṃskārāṇām |*

藏譯師薩遮那（*Sajjana*）與俄羅丹喜饒（*Rngog blo idan shes rab*）梵譯藏為：

འདི་ལྟ་སྟེ། རྐྱེན་གྱི་མཚན་ཉིད་དང་། རྒྱུའི་མཚན་ཉིད་དང་། འབྱུང་བའི་མཚན་ཉིད་དང་། འཇིག་པའི་མཚན་ཉིད་དོ།། དེ་ལ་རྐྱེན་གྱི་མཚན་ཉིད་ནི། མ་རིག་པའི་བག་ཆགས་ཀྱིས་ཏེ། འདུ་བྱེད་རྣམས་ཀྱིས་མ་རིག་པ་བཞིན་ནོ།།

'di lta ste / rkyen gyi ***mtshan nyid*** *dang / rgyu'i* ***mtshan nyid*** *dang / 'byung ba'i* ***mtshan nyid*** *dang / 'jig pa'i* ***mtshan nyid*** *do // de la rkyen gyi* ***mtshan nyid*** *ni / ma rig pa'i bag chags kyis te / 'du byed rnams kyis ma rig pa bzhin no //*

勒那摩提梵譯漢為：

“何等為四？一者緣**相**、二者因**相**、三者生**相**、四者壞**相**。緣**相**者，謂無明住地，即此無明住地與行作緣，如無明緣行，無明住地緣亦如是故。”（以上粗體及下劃線為本譯者所加）

綜上所舉三例，顯示梵文的“*lakṣaṇa*”即藏文的“*mtshan nyid*”，亦即漢文的“相”，非漢文的“性”或“自性”。是故，“無相法輪”並非明譯之“無自性法輪”。這些名相的精確區分，在考慮更宏觀的篤補巴全部著作，和覺囊派另一位祖師多羅那他駁斥邪見的論辯時，顯得十分關鍵。再者，在法義上，此處若順明譯作“無自性”，除了文字上不正確外，法義上也變成隱含“自空見”，與篤補巴的“他空見”牴觸。三者，本段主講勝義諦，下一段更進入“本來自在”的他空見精義。為前後法義一致故，此處不應作“無自性”。

以三轉法輪甘露流，

次第洗淨三種粗、細、極細染污後，
令得上妙離垢自性法身。
頭面禮足如是堪能之上師！

明譯：三轉法輪甘露水，
滌除粗細極微垢，
令證離垢法身寶，
善能上師恭敬禮。

比較：第三句"令得上妙離垢自性法身"中的"自性"和"上妙"，在明譯中無。原藏文有རང་བཞིན（*rang bzhin*），*rang*就是"自己、本來"的意思，རང་བཞིན（*rang bzhin*）即"自性"。例如梵文的*svabhāva-siddhi*漢譯為"自性有"，藏譯為རང་བཞིན་གྱིས་གྲུབ་པ（*rang bzhin gyis grub pa*）。原藏文也有མཆོག（*mchog*），是"上妙、殊勝"的意思。"自性"和"上妙"皆為大乘教法；此篇為大乘造論，此句亦以大乘教法為主，二乘僅僅為輔。明譯刪除"自性"和"上妙"後，此句形容詞只剩"離垢"，文意變成向二乘大幅傾斜，大乘份量只剩"法身寶"。

教導認外境實有者：一切唯心；
教導執著心者：無相中觀；
教導已接受無相者：實相中觀。
頭面禮足如是教導之上師！

明譯：有相諸法皆是心，
於著心說無相觀，

入無相者示有相，
善演上師恭敬禮。

比較：關於第三句“實相中觀”的譯法說明，請見前文注釋。這裡要指出的是，“實相中觀”的“實相”（ཡང་དག་སྣང་；*yang dag snang*）並不是明譯翻成的“有相”。明譯把“實相”譯為“有相”，然後在第一句的開頭和第三句的結尾皆用“有相”二字，便形成了一個迴路。讀者所理解是“有相-無相-有相”，即A-B-A的迴路。但是，篤補巴的意思是“有相-無相-實相”，是A-B-C的直線。也就是說，篤補巴並沒有說要回到有相，而是直奔“實相”。另外，本段藏文中的第二句和第四句（也就是漢文第二句和第三句）都有專有名詞“中觀”（དབུ་མ；*dbu ma*）也就是“無相中觀”（སྣང་མེད་དབུ་མ；*snang med dbu ma*）和“實相中觀”（ཡང་དག་སྣང་བ་ཡི་དབུ་མ；*yang dag snang ba yi dbu ma*），明譯把兩個“中觀”都刪除了，讀者會以為這段只是泛指一般的“有相”、“無相”，沒有特殊指稱。其實，這裡已經明白揭示覺囊派的“大中觀”思想。

教導下根者：因果之法；
教導執有者：諸法皆空；
教導說空者：明光善逝如來藏。
頭面禮足如是教導之上師！

明譯：開示因果化劣機，
顯諸法空破唯識，

於無光明如來藏,

善演上師恭敬禮。

比較: 明譯第三句的“於無光明如來藏”乍看之下似乎是指“如來藏無有光明”, 這當然是錯的。 原文此句的意思是“教導說空者: 光明善逝如來藏”, 也就是如來藏是光明的。 所以, 明譯的“於無光明如來藏”, 是將“說空者”譯為“於無”, 省略了動詞“教導”, 後接受詞“光明如來藏”。 如此漢文譯句, 對不知藏文的漢地讀者來說, 幾乎無正確解讀之可能。 明譯的第二句“顯諸法空破唯識”更加偏離原意。 原句沒有“唯識”一詞, 也沒有和“破”一字有任何相關的動詞。 本句的動詞是“教導”(སྟོན; *ston*), 被教導的人是“執著於存在實有的人”, 被教導的事是“諸法皆空”。 這一句明譯“顯諸法空破唯識”, 屬於譯者的創作。 法義上, 這一段和篤補巴一直強調的重點“三轉法輪有嚴格次第”相符, 用三句話, 次第告訴弟子: “第一轉講因果法, 第二轉講般若空相, 第三轉講實相法”的道理。 故, 明顯地, “顯諸法空破唯識”之句和此次第並不相合。

教下根者: 聲聞乘;

教中根者: 緣覺乘;

教上根者: 上妙乘中因果之經、咒。

頭面禮足如是教導之上師!

明譯: 應下機說聲聞乘,

中機緣覺上大乘,

契經密咒因果理，
善演上師恭敬禮。

比較：如同前述，篤補巴特重清楚次第，所以文字精準對仗。下、中、上根，在每句的位置都是相同置於句首，以明確表達各乘的適用根器。

如父母依成長次第教護嬰兒、少年、青年，
依三轉法輪的次第，尤其依密咒，
教護弟子。
禮敬如是利行的您！

明譯：譬如嬰兒童稚年，
父母隨類親教訓，
三輪密咒救群生，
能利上師恭敬禮。

比較：這裡篤補巴再次說明三轉法輪、三乘菩提道之清楚次第。他用“嬰兒、少年、青年”三個人生階段為譬喻。明譯在此將篤補巴的譬喻模糊化，只剩無清楚次第的“嬰兒童稚年”，不區分孩子的程度。

又依弟子下中上根而因材施教，
如同依三轉法輪的次第，
尤其依真言。
禮敬如是教導可化眾生密續的您！

明譯：復如下中上機子，

隨機教授相應行，
三輪密咒契群機，
能演上師恭敬禮。

比較：這裡篤補巴不厭其煩地再次說明"三轉法輪的次第"，相對應於弟子下中上"三種根器"。篤補巴強調："教導密續必須以三轉法輪之精確次第為基礎"，這是明譯沒有帶出來的含義。

如同攀登至三層殿宇之巔，
佛法三轉法輪之三層殿宇，尤其是密咒，
須漸次攀登。
禮敬如是教導的您！

明譯：如登三層妙樓閣，
佛教三輪密咒理，
漸修如登三層樓，
能演上師恭敬禮。

如珠寶匠次第蠲除珠寶上之三層垢穢，
依三轉法輪次第清淨善逝如來藏，
尤其依密咒。
禮敬如是教導的您！

明譯：如同商賈持寶珠，
次第淨除三層垢，
三輪咒顯如來藏，
能演上師恭敬禮。

善逝如來藏有他因他果。
他因即是明光空性相，
他果即是不變大樂；
似八圓光卜相。
禮敬如是教導的您！

明譯：因別果別如來藏，
　　因別光明空性相，
　　果別不變真大樂，
　　如八攝靈師敬禮。

比較：這段的"他因"、"他果"的"他"，就是"他空見"的"他"（གཞན; *gzhan*）。為用字一貫故，不用"別"等其他字。"八圓光卜相"，明譯為"八攝靈"。"八圓光卜相"譯法的詳細說明請見前文注釋，"八攝靈"的譯法，未廣見於文獻。另外，禮敬的對象不是八攝靈師，而是教導"善逝如來藏之因果如八圓光卜相"這一件事之上師。

密、大密、空大、那錯由姆；
諸法之源、蓮花、婆伽、獅子座；
金剛無我母及金剛亥母，
種種名稱，唯有一義：空性。
禮敬如是教導的您！

明譯：大密密空眾色母，
　　法宮巴葛蓮師座，

無我亥母種種名，
顯示一味空性禮。

如金剛、明點、嘿嚕嘎、聚集；
律儀、嘿、大悲、本初佛、菩提心，
種種名稱，唯有一義：大樂。
禮敬如是教導的您！

明譯：金剛明點兮嚕葛，
集樂兮悲初正覺，
菩提心等種種名，
顯示一味大樂禮。

比較：明譯刪了“律儀”（སྡོམ་པ; *sdom pa*; 梵: *saṃvara*; 禁戒、律儀、能護）。斯特恩斯的英譯有保留*sdom pa*，以大寫“Restraint”表達。

金剛薩埵、如、時輪、勝樂金剛、
喜金剛、幻網金剛及密集金剛，
種種名稱，唯有一義：雙運。
禮敬如是教導的您！

明譯：方慧時輪金剛識，
上樂輪及喜金剛，
幻網密集等眾名，
顯示一味雙融禮。

比較：本譯者所找到的明譯版本，第一句第一和第二字缺字。“方慧”二字，由他版摘錄補足。

雙運、不可分、平等味、不可壞之
自在本覺、本初佛，
即有垢真如，遍一切處；
其如天空，是為一切根藏阿賴耶。
禮敬如是教導的您！

明譯：雙融一味不變性，
最初正覺自然智，
具垢真如於諸法，
如空普遍師敬禮。

比較：第一句“雙運、不可分、平等味、不可壞”中的“不可分”，藏文是 དབྱེར་མེད (*dbyer med*)，即梵文的 *asaṃbheda*，明譯缺。斯特恩斯的英譯，以“indivisible”忠實表示。這段出現“有垢真如”和“一切根藏阿賴耶”兩者；前者的藏文是 དྲི་བཅས་དེ་བཞིན (*dri bcas de bzhin nyid*)，後者是 ཀུན་གཞིར (*kun gzhir*)，兩者的譯法詳細說明請見前文注釋。明譯完全未將後者譯出。

此正是能離染垢覆蓋之方便：
依金剛六支瑜伽、圓滿智慧般若波羅蜜、
阿底瑜伽大圓滿及各支大手印修習為法道。
禮敬如是教導的您！

明譯：其理出纏之方便，
金剛修習惠彼岸，

最勝修習大手印，

並支引道師敬禮。

比較：“阿底瑜伽大圓滿”（ཤིན་ཏུ་རྣལ་འབྱོར; *shin tu rnal 'byor*）不見於明譯。斯特恩斯的英譯忠實保留“the Atiyoga”。

基中本存勝妙道；

如無雲塵之晴空。

實證染污盡除後之無垢真如不過是果。

禮敬如是教導的您!

明譯：因中本有以道要，

如雲霧散淨虛空，

垢淨無垢真如性，

現前名果師敬禮。

比較：第三句“實證染污盡除後之無垢真如不過是果”，明譯為“垢淨無垢真如性”，連著下一句的“現前名果”，語義不明。篤補巴的語義十分清楚直白：實證那個“除去染污之後的無垢真如”，只不過是把原來就存在的“因”，實證為道“果”而已，理由就是第一句的“基中本來就存在的勝妙道”。明譯沒有譯出“實證”、“只是果”，導致整句不明其意。斯特恩斯的英譯則有譯出“實證為果”（actualized as the result）和“只不過是”（merely）。

不變明光是無分別的。

以具足智慧摧毀自在本覺上之染垢，

勝義法身成就圓滿自利。

禮敬如是教導的您!

明譯：不變光明無妄念，
智足破盡煩惱纏，
自然之智真法身，
自利圓滿師敬禮。

對迷途無知者生起廣大慈悲增上意樂，
成就利益和喜樂之功德聚，
普生圓滿世俗二色身，
成就圓滿利他。
禮敬如是教導的您！

明譯：憫念愚迷之眾生，
廣興利樂饒益行，
福足能證俗色身，
利他圓滿師敬禮。

比較："廣大慈悲增上意樂"（བརྩེ་ཆེན་ལྷག་བསམ་གྱིས།; *brtse chen lhag bsam gyis /*），明譯簡單譯為"憫念"。生動感人的文字，是篤補巴著作的特色，故本譯文將其逐字譯出，以期貼近篤補巴的卓越。*brtse* 是"慈悲"，*chen* 是"大"，*brtse chen* 是"廣大慈悲"（英：most affectionate, great compassion），*lhag bsam* 是"增上意樂"。斯特恩斯的英譯，譯為"a special feeling of great love"，文字份量也大過明譯，近於篤補巴此處給予的份量。

圓滿成就一大海的祈願，

圓滿成熟一大海的有情，
圓滿清淨一大海的淨土後，
自身融入真際。
禮敬如是教導的您！

明譯：圓滿一切行願海，
　　　成熟一切眾生海，
　　　嚴淨諸佛剎海已，
　　　融入實際師敬禮。

如同如意寶瓶、太陽、珠寶、滿願樹、聖鼓，
不由功用，亦無需作意，
由夙願力故，隨時隨地任運利眾。
禮敬如是教導的您！

明譯：如瓶日寶摩尼樹，
　　　天鼓無作雖無念，
　　　昔願自然不休息，
　　　普利眾生師敬禮。

究竟法輪是終轉法輪；
究竟乘是大乘；
究竟大乘是藏乘；
究竟藏是大樂。
禮敬如是教導的您！

明譯：法中最極後法輪，
乘中最極是大乘，
大乘中最心藏乘，
心中最極大樂禮。

比較：此段篤補巴用字完全對仗，所有的“究竟”都是用མཐར་ཐུག(*mthar thug*)，明譯將譯作“最極”，但是在第三句變成“最心”，又把第四句的“藏乘”換成“心中”，使語義混淆不明。本段斯特恩斯的英譯，如同本譯者所譯，忠實於用字對仗，所有的མཐར་ཐུག(*mthar thug*)皆用“ultimate”。

究竟法義是大乘；
究竟大乘是密乘；
究竟密教是時輪；
究竟時輪是樂空。
禮敬如是教導的您！

明譯：教中最極是大乘，
乘中最極密咒乘，
密中最極是時輪，
時輪中最空樂禮。

比較：此段明譯最後一句“時輪中最空樂禮”的意思，非“對時輪中的最空樂禮敬”，而是“時輪中之最究竟，為樂空，對如是教導之上師敬禮”。

究竟宗義即大中觀；
究竟中觀即無生離邊；

究竟離邊即自性明光；
究竟明光即大樂。
禮敬如是教導的您！

明譯：宗趣中最大中觀，
觀最無生離邊際，
離際中最性光明，
光明中最大樂禮。

究竟見即離邊之空性；
究竟空性即有所緣之空性；
究竟行即大悲；
究竟大悲即無所緣。
禮敬如是教導的您！

明譯：見中最極離際空，
空性中最有相空，
行中最極大悲心，
悲中最極無緣禮。

比較："有所緣之空性" 和 "究竟大悲即無所緣" 二句中的 "所緣"，篤補巴以 དམིགས (*dmigs*) 一字精確對仗，譯法詳細解說請見前文注釋。明譯將 "有所緣" 譯為 "有相"，除了法義上 "有相" 和 "有所緣" 是不同的之外，也失去了與後句之 "無所緣" 呼應。

究竟灌頂即出世灌頂；

究竟正行即圓滿次第決定義；

究竟成就即大妙成就。

禮敬為利益究竟弟子如是教導的您！

明譯：灌中最極出世灌，
道中最極究竟次，
成就最極上成就，
為勝資故師敬禮。

比較："圓滿次第決定義"（རྫོགས་རིམ་ངེས་པའི་དོན; *rdzogs rim nges pa'i don*）在明譯中簡化成"究竟次"。"圓滿次第"是專有名詞，有其特指含義，見前文注釋。

究竟壇城即自性妙明；

究竟本尊即樂空智身；

究竟印即明光大手印；

究竟咒則保護心意。

禮敬如是教導的您！

明譯：中圍最極性光明，
佛中最極空樂智，
印中最極光明印，
咒中最極護意禮。

究竟基即有垢真如；

究竟道即六支瑜伽；

究竟果即離繫之真如。

禮敬教導如是究竟圓滿法教的您！

明譯：因之最極垢真如，
道之最極六支觀，
果之最極離垢性，
圓示極法師敬禮。

此名為《佛教總釋》之祈禱文，
乃由一切殊勝法主之忠僕，
喜饒·堅贊·帕桑波所造。

明譯：總釋教門禱祝法尊最妙上師之僕攝囉監燦班藏布書

以此功德，祈願我及一切眾生：
證悟勝義法身之離繫果；
以所生之世俗二色身，
盡輪迴際，精進利他。

明譯：此善我及諸眾生，
速證離垢真法身，
應以俗果二色身，
盡輪迴際願利生。

比較：明譯第一句“此善我及諸眾生”，不知藏文的情況下可能解讀為“此善我”，即“這個善良的我”；但其實應是指“[以]此善，[願]我及諸眾生”。

直至得證前，

願我永恆精進,

謹遵三轉法輪, 特別依密咒,

次第清淨自他善逝如來藏上之垢染!

明譯: 乃至未證菩提間,

願以三輪密咒法,

勤除自他之垢染,

眾生同證如來藏。

比較: 這裡講到行門, 篤補巴仍然首重 "次第"。 除 "謹遵三轉法輪" 順序外, 又特別用了 "次第" (རིམས་བཞིན; *rims bzhin*) 一詞, 來強調清除染垢的順序。 明譯刪除了 "次第", 失去強調。 另外, 原文沒有 "眾生同證如來藏" 一句, 此為明譯譯者自行添加。

祈願吉祥!

明譯: 忙葛辣巴斡都。

比較: 明譯用的是 *Maṅgalaṃ bhavantu* 的音譯。 本譯文以讓讀者讀懂本文意旨為主, 故盡量意譯。

4.《佛教總釋》英譯

4–1) *A General Explanation of Buddha's Teaching*

Oṃ gurubuddhabodhisattvabhyonamonamaḥ

(Homage to the masters, Buddhas and bodhisattvas)

The stainless lotus-feet of the Dharma lords, the supreme masters
and the transformation body —
to which I respectfully bow down to the ground,
and at which I take refuge.
I beg for your great compassion at all times and in all places.
Please take me under your care!

Permanent, steady, changeless, precious Dharma lords —
you perform all-pervasive actions spontaneously,
and clarify the absolute, the non-mistaken definitive secret.
I bow at the feet of the masters possessing the four reliances!

All conditioned phenomena
are like a waterfall in the steep mountain,
like a cloud, like lightning,
and like dew on the tip of a blade of grass.
They are impermanent, unstable, ever-changing.

I bow down at the feet of the masters who correctly thus teach!

Like entering into a pit of fire,
like being caught by a poisonous snake,
like a bee circling inside a pot,
the entirety of the three realms is suffering by nature.
I bow at the feet of the masters who thus teach!

Clinging to the unclean body as clean,
is like enjoying and desiring a jar of vomit adorned with ornaments by ignorant children.
I bow at the feet of masters who thus teach!

Make sentient beings who are attached to the cyclic existence
detached from and saddened by the impermanent and impure.
Show them the path of selfless emptiness.
I bow at the feet of the masters who teach the Four Noble Truths!

All phenomena only arise from conditions,
without self, sentient beings, soul, or creator.
They are like a dream, an illusion, a mirage, or an echo.
I bow at the feet of the masters who thus teach!

Objects appear to be,
but are in fact only habitual predispositions of mind.
Mind, intellect, and consciousness

are mere names, mere designations, and mere emptiness like space.
I bow at the feet of the masters who clearly thus teach!

The aggregates of form and so forth,
are like foam, bubbles, a mirage and so forth.
The sense spheres are like empty cities.
The constituents are like poisonous snakes.
I bow at the feet of the masters who thus teach!

All the phenomena of existence and nirvāṇa are unborn and unceasing,
free from going, coming, and remaining,
without extremes or middle, each empty of its own nature.
I bow at the feet of the masters who thus teach!

Like a lamp within a vase, the treasure of a poor man, and so forth,
the sugata essence, the luminous dharmakāya,
exists within the conventional, incidental aggregates.
I bow at the feet of the masters who thus teach!

All imputed and dependent phenomena are nonexistent,
but the thoroughly established true nature is never nonexistent.
Properly distinguish existence and nonexistence,
eternalism and nihilism.

I bow at the feet of the masters who teach such transcendence [beyond the two extremes]!

All conventional phenomena
are merely the dependent origination of cause and result,
but the self-existent absolute transcends dependent arising.
Distinguish what arises from conditions
and what is self-existent primordial wisdom.
I bow at the feet of the masters who thus teach!

All outer and inner phenomena
are only the vicious circle of confusing ignorance,
but the other is dharma nature,
self-existent primordial wisdom.
Differentiate between consciousness and primordial wisdom,
cyclic existence and nirvāṇa, and the two truths.
I bow at the feet of the masters who thus teach!

The conventional three realms are only a confusing, exaggerated appearance,
while the absolute three realms, the sugata essence,
are an unbreakable, unimagined, unconfusing appearance.
I bow at the feet of the masters who thus teach!

The Dharma wheel of the Four Noble Truths,
the Dharma wheel of no characteristics,

and the Dharma wheel of ascertainment of the absolute.
I bow at the feet of the masters who teach the intentions of these!

With the nectar stream of the three Dharma wheels in sequence,
clean the three coarse, subtle, and extremely subtle impurities,
so the self-existent supreme dharmakāya,
free from impurity, is obtained.
I bow at the feet of the masters who perform such act!

Teach that external objects are mind-only.
Teach those who cling to the mind the Middle-Way of no appearance.
Teach those who have accepted no appearance the Middle-Way of reality.
I bow at the feet of the masters who thus teach!

Teach the inferior the Dharma of cause and result.
Teach those who cling to existence that everything is empty.
Teach those who accept emptiness the luminous sugata essence.
I bow at the feet of the masters who thus teach!

Teach those of inferior faculties the Vehicle of Hearer.
Teach those of middling faculties the Vehicle of Solitary-realizer.
Teach the superior the sutra and mantra styles of cause and result in the supreme vehicle.
I bow at the feet of the masters who thus teach!

Like parents protecting infants, adolescents, and young adults according to their development,
the three Dharma wheels, particularly the secret mantra,
are taught to disciples in sequence.
I bow to you who thus practice!

Moreover, like assigning appropriate activities to an inferior, middling, or superior disciple,
teach the three Dharma wheels,
especially in the form of mantras, in sequence.
I bow to you who appropriately teach tantras to the trainable!

Like climbing to the top of a three-storied palace,
the three-storied palace of the three Buddhist Dharma wheels,
particularly the secret mantra,
is to be climbed in sequence.
I bow to you who thus teach!

Like the jewelers removing the three layers of stain on a jewel,
purify the sugata essence by the three Dharma wheels,
in sequence, particularly by secret mantra.
I bow to you who thus teach!

The sugata essence has other cause and result.
The other cause is the image of luminous emptiness.
The other result is changeless great bliss,

resembling the eight prognostic images.
I bow to you who thus teach!

Secret, Great Secret, Element of Space, Viśvamātā,
Source of Phenomena, Lotus, Bhaga, Lion Throne,
Nairātmyā, Varāhī, and so forth,
those many various names have one meaning — emptiness.
I bow to you who thus teach!

Like Vajra, Drop, Heruka, and Gathering,
Restraint, He, Great Compassion,
Primordial Buddha, and Enlightenment Mind,
all these various names have the identical meaning — great bliss.
I bow to you who thus teach!

Vajrasattva, Evaṃ, Kālacakra, Cakrasaṃvara,
Hevajra, Māyājāla, and Guhyasamāja and so forth,
all these various names have one identical meaning — union.
I bow to you who thus teach!

Union, indivisible, equal-flavored, indestructible,
self-existent primordial wisdom, the Primordial Buddha,
is defiled suchness, present in all,
like the sky, existing as the ālayavijñāna.
I bow to you who thus teach!

This is exactly the expediency
for freeing from the defilement —
by Vajrayoga, the Perfection of Wisdom, the Atiyoga,
and the meditation of the Great Seal with its branches as the path.
I bow to you who thus teach!

The supreme method already resides in the cause ground,
just like the sky free from clouds, dust and so forth.
Realizing the undefiled suchness with all impurities removed is only a result.
I bow to you who thus teach!

Unchanging luminosity is nonconceptual.
Collection of wisdom destroys the defilement on self-existent primordial wisdom.
The absolute dharmakāya accomplishes sublime benefit for oneself.
I bow to you who thus teach!

Superior intent of great compassion arises toward the ignorant,
creates the assembly of merit that achieves benefit and bliss,
produces the perfect conventional Form Body,
and accomplishes perfect benefit for others.
I bow to you who thus teach!

After completely perfecting an ocean of prayers,
completely maturing an ocean of sentient beings,
and completely purifying an ocean of pure lands,
one dissolves into the apex of reality.
I bow to you who thus teach!

Like the magical vase, the sun, the jewel, the wish-fulfilling tree, and the heavenly drum,
because of prior directive force,
benefit to others will spontaneously occur everywhere and all the time,
even without exertion or thought.
I bow to you who thus teach!

The ultimate Dharma wheel is the final wheel.
The ultimate vehicle is the Great Vehicle.
The ultimate Great Vehicle is the Vehicle of the essence.
The ultimate essence is great bliss.
I bow to you who thus teach!

The ultimate doctrine is the Great Vehicle.
The ultimate Great Vehicle is the Vehicle of Mantra.
The ultimate mantra is Kālacakra.
The ultimate Kālacakra is bliss and emptiness.
I bow to you who thus teach!

The ultimate tenet is Great Middle-Way.
The ultimate Middle-Way is unborn and without extremes.
The ultimate being without extremes is natural luminosity.
The ultimate luminosity is great bliss.
I bow to you who thus teach!

The ultimate view is emptiness free from extremes.
The ultimate emptiness is apprehensible emptiness.
The ultimate practice is great compassion.
The ultimate compassion is unconditional.
I bow to you who thus teach!

The ultimate empowerment is the transcendent empowerment.
The ultimate practice is the definitive meaning of the completion stage.
The ultimate accomplishment is the great supreme attainment.
I bow to you who thus teach!

The ultimate maṇḍala is the supreme, natural luminosity.
The ultimate divinity is the body of the primordial wisdom of bliss and emptiness.
The ultimate seal is the Great Seal of luminosity.
The ultimate mantra protects the mind.
I bow to you who thus teach!

The ultimate ground is defiled suchness.

The ultimate path is the Six-branch Yoga.
The ultimate result is the suchness of the separated result.
I bow to you who thus teach!

This supplication entitled "A General Explanation of Buddha's Teaching"
is composed by Sherab Gyaltsen Palsangpo,
a servant of the Dharma lords, the excellent masters.

By this virtue,
may I and all sentient beings realize the separated result of the absolute dharmakāya,
and with the produced result of the two conventional form bodies,
endeavor to benefit others for the duration of cyclic existence.

Until attainment is achieved,
for however long,
may I strictly follow the three Dharma wheels and secret mantra in sequence,
endeavor to purify the sugata essence in myself and others.

May it be auspicious!

4–2) Parallel comparison of the original Tibetan text and the English translation with the translator's annotations in English

བསྟན་པ་སྤྱི་འགྲེལ།

bstan pa spyi 'grel /

A General Explanation of Buddha's Teaching

ཨོཾ་གུ་རུ་བུད་དྷ་བོ་དྷི་ས་ཏྭ་བྷྱོ་ན་མོ་ན་མཿ།།

oṃ gu ru bud dha bo dhi sa twa bhyo na mo na maḥ //
(*Oṃ gurubuddhabodhisattvabhyonamonamaḥ*)

Oṃ gurubuddhabodhisattvabhyonamonamaḥ
(Homage to the masters, Buddhas and bodhisattvas)

ཆོས་རྗེ་བླ་མ་དམ་པ་སྤྲུལ་པའི་སྐུ་རྣམས་ཀྱི་ཞབས་ཀྱི་པདྨོ་[①]དྲི་མ་མེད་ལ་གུས་པས་ཕྱག་འཚལ་ཞིང་སྐྱབས་སུ་མཆིའོ།།
བརྩེ་བ་ཆེན་པོས་དུས་ཐམས་ཅད་དུ་རྗེས་སུ་བཟུང་དུ་གསོལ།།

---

① པདྨོ (*pad+mo*) : The word is spelled པདྨོ (*pad+mo*) in the Bhutan and Beijing editions, and པད་མོ (*pad mo*) in the 'Dzam thang edition. These two Tibetan spellings are slightly different, but with identical meaning. See Appendix 5, p. 686, for the parallel comparison of this word among all three editions.

chos rje bla ma dam pa sprul ba'i sku rnams kyi zhabs kyi pad+mo
dri ma med la gus pas phyag 'tshal zhing skyabs su mchi'o //
brtse ba chen pos dus thams cad du rjes su bzung du gsol //

> **The stainless lotus-feet of the Dharma lords, the supreme masters and the transformation body —**
> **to which I respectfully bow down to the ground,**
> **and at which I take refuge.**
> **I beg for your great compassion at all times and in all places.**
> **Please take me under your care[①]!**

---

① "I beg for your great compassion at all times and in all places. Please take me under your care!" (བརྩེ་བ་ཆེན་པོས་དུས་ཐམས་ཅད་དུ་རྗེས་སུ་བཟུང་དུ་གསོལ།; *brtse ba chen pos dus thams cad du rjes su bzung du gsol /*): Stearns translates it as "Please grace me at all times with your great love." This interprets རྗེས་སུ་བཟུང (*rjes su bzung*) as "to grace," but the meaning of རྗེས་སུ་བཟུང (*rjes su bzung*) is closer to "to take under someone's care, care for, accepted" than "to grace." – For example, Richard Barron translates "*brtse bas* ***rjes su bzung***" as "has lovingly **accepted** us as disciples." Therefore, the English and Chinese translations in this book adopt the concept of "the master taking the disciples under his care" instead of "the master gracing the disciples with something." In addition, the Ming edition also adopts the same "the master accepting the disciple" concept, and renders this sentence "具大慈悲願垂攝受" (to accept, take in, to include). Although the Ming edition misses "at all times and in all places" (དུས་ཐམས་ཅད་དུ; *dus thams cad du*; everywhere, at all times; Skt. *sarvatra*), it preserves the meaning of "accepting." (Boldface and underscore are added by this translator)

རྟག་བརྟན་གཡུང་དྲུང་ཆོས་རྗེ་རིན་པོ་ཆེ།།
འཕྲིན་ལས་མཁའ་ཁྱབ་ལྷུན་གྱིས་གྲུབ་མཛད་པ།།
འཁྲུལ་མེད་ངེས་གསང་དོན་དམ་གསལ་མཛད་པའི།།
རྟོན་པ་བཞི་ལྡན་བླ་མའི་ཞབས་ལ་འདུད།།

rtag brtan g.yung drung chos rje rin po che //
'phrin las mkha' khyab lhun gyis grub mdzad pa //
'khrul med nges gsang don dam gsal mdzad pa'i //
rton pa bzhi ldan bla ma'i zhabs la 'dud //

> **Permanent, steady, changeless[1], precious Dharma lords —**
> **you perform all-pervasive actions spontaneously[2],**
> **and clarify the absolute, the non-mistaken definitive secret.**

---

① "Permanent, steady, changelss" : The Tibetan term རྟག་བརྟན་གཡུང་དྲུང (*rtag brtan g.yung drung*) is a fixed expression. རྟག (*rtag*) means "permanent," བརྟན (*brtan*) means "stable," and གཡུང་དྲུང (*g.yung drung*) is "卐" , or "*swastika*" in Sanskrit. Ives Waldo's translation of གཡུང་དྲུང (*g.yung drung*) is "changeless, unchanging," and Stearns's is "eternal." This translation adopts "changeless."

② "perform all–pervasive actions spontaneously" (འཕྲིན་ལས་མཁའ་ཁྱབ་ལྷུན་གྱིས་གྲུབ་མཛད་པ།།; *'phrin las mkha' khyab lhun gyis grub mdzad pa//*): Stearns's rendition is "spontaneously perform all–pervading enlightened actions," however, the original Tibetan does not have the word "enlightened." The central point of this sentence is "all" actions — without exceptions. The addition of an extra adjective "enlightened" excludes certain actions, and therefore logically contradicts the overall meaning of the sentence.

I bow at the feet of the masters possessing the four reliances[1]!

འདུས་བྱས་ཐམས་ཅད་རི་གཟར་[2] འབབ་ཆུ་བཞིན།།
སྤྲིན་བཞིན་གློག་བཞིན་རྩ་[3] རྩེའི་ཟིལ་པ་བཞིན།།
མི་རྟག་མི་བརྟན་འགྱུར་བའི་ཆོས་ཅན་དུ།།
ལེགས་པར་སྟོན་མཛད་བླ་མའི་ཞབས་ལ་འདུད།།

'dus byas thams cad ri gzar 'bab chu bzhin //
sprin bzhin glog bzhin rtsa rtse'i zil pa bzhin //
mi rtag mi brtan 'gyur ba'i chos can du //
legs par ston mdzad bla ma'i zhabs la 'dud //

---

① "the masters possessing the four reliances" : Dolpopa's favorite signature is རྟོན་པ་བཞི་ལྡན (*rton pa bzhi ldan*; Possessor of the Four Reliances). This name reflects his doctrinal core.

② གཟར (*gzar*): The word is spelled བཟར (*bzar*) in the Bhutan edition, and གཟར (*gzar*) in the 'Dzam thang and Beijing editions. This translation adopts གཟར (*gzar*) used in the 'Dzam thang and Beijing editions. See Appendix 5, p. 686, for the parallel comparison of this word among all three editions. Two variations both mean "steep."

③ རྩ (*rtsa*): The word is spelled རྩ (*rtsa*) in the Bhutan edition, and རྩྭ (*rtswa*) in the 'Dzam thang and Beijing editions. This translation adopts རྩ (*rtsa*) used in the Bhutan edition. See Appendix 5, p. 686, for the parallel comparison of this word among all three editions. Two variations both mean "grass."

All conditioned phenomena①

are like a waterfall in the steep mountain,

like a cloud, like lightning,

and like dew on the tip of a blade of grass.

They are impermanent, unstable, ever-changing.

I bow down at the feet of the masters who correctly thus teach②**!**

---

① "All conditioned phenomena" : Tibetan འདུས་བྱས་ཐམས་ཅད (*'dus byas thams cad*) corresponds to *sarva-saṃskārā* in Sanskrit. This is exactly the "all conditioned phenomena" in "Four Seals of the Dharma." Four Seals of the Dharma are: **All conditioned phenomena** are impermanent (Skt. *anityāḥ sarva-saṃskārāḥ*; Tib. *'du byed thams cad mi rtag pa*), **all conditioned phenomena** are marked by suffering (Skt. *sarva-saṃskārā duḥkhāḥ*; Tib. *'du byed thams cad sdug bsngal ba*), **all conditioned phenomena** lack a self (Skt. *sarva-dharmā anātmānah*; Tib. *chos thams cad bdag med pa*), and there is such a thing as nirvāṇa (Skt. *śāntaṃ nirvāṇam*; Tib. *mya ngan las 'das pa zhi ba*). (Boldface added by this translator)

② "Correctly thus teach" : In the original Tibetan text "ལེགས་པར་སྟོན་མཛད (*legs par ston mdzad*)," Dolpopa uses the word "ལེགས་པར (*legs par*)," which means "properly, correctly." The paragraph therefore pay respect to the teachers who can correctly teach the aforementioned points. The word "ལེགས་པར (*legs par*)" is commonly rendered "correctly" in English. For example, the term ལེགས་པར་དཔྱད་པ (*legs par dpyad pa*) is translated as "correct observation." The Ming edition of this book also uses "善演" (properly demonstrate), which is consistent with the original. Stearns, however, adopts "carefully" in his English translation here. The difference lies in the emphasis on "the correct content" that is being taught or the "careful attitude" that the teacher employs. This translation adopts the former interpretation, for that a teacher can "care-

མེ་ཡི་འོབས་དང་སྦྲུལ་གདུག་ཁར་ཆུད་བཞིན།།
བུམ་པའི་ནང་དུ་སྦྲང་མ་འཁོར་བ་བཞིན།།
ཁམས་གསུམ་མཐའ་དག་སྡུག་བསྔལ་རང་བཞིན་དུ།།
མཚུངས་པར་སྟོན་མཛད་བླ་མའི་ཞབས་ལ་འདུད།།

me yi 'obs dang sbrul gdug khar chud bzhin //
bum pa'i nang du sbrang ma 'khor ba bzhin //
khams gsum mtha' dag sdug bsngal rang bzhin du //
mtshungs par ston mdzad bla ma'i zhabs la 'dud //

Like entering into a pit of fire,
like being caught by a poisonous snake,
like a bee circling inside a pot①**,**
the entirety of the three realms is suffering by nature.
I bow at the feet of the masters who thus teach!

མི་གཙང་ལུས་ལ་གཙང་བར་འཛིན་པ་རྣམས།།
ངན་སྐྱུགས་བུམ་པ་རྒྱན་གྱིས་བརྒྱན་པ་ལ།།
མི་ཤེས་བྱིས་པ་དགའ་ཞིང་ཆགས་པ་དང་།།

---

fully" teach something "incorrectly."

① The metaphors of "fire," "snake," and "bee" are commonly seen in many sutras. For example, in *Lalitavistara sutra*, it says, "The afflictions of the three realms are like fire.... Those who are attached to the five desires are like holding the poisonous tree... like (licking) the honey on the knife, like the poisonous snake's head (that bites)." (Translated by this translator)

མཚུངས་པར་སྟོན་མཛད་བླ་མའི་ཞབས་ལ་འདུད།།

mi gtsang lus la gtsang bar 'dzin pa rnams //
ngan skyugs bum pa rgyan gyis brgyan pa la //
mi shes byis pa dga' zhing chags pa dang //
mtshungs par ston mdzad bla ma'i zhabs la 'dud //

> **Clinging to the unclean body as clean,**
> **is like enjoying and desiring a jar of vomit adorned with ornaments by ignorant children.**
> **I bow at the feet of masters who thus teach[1]!**

འཁོར་བ་ཉིད་ལ་དགའ་བའི་སེམས་ཅན་རྣམས།།
མི་རྟག་མི་གཙང་ཡིད་འབྱུང་སྐྱོ་བསྐྱེད་ནས།།
བདག་མེད་སྟོང་པ་ཞི་བའི་ལམ་འཇུག་པ།།

---

① This paragraph compares two behaviors. Behavior A is "clinging to the unclean body as clean," while behavior B is "enjoying and desiring a jar of vomit adorned with ornaments." That is, behavior A is as stupid as behavior B. Contrasting Stearns's rendition "I bow at the feet of the masters who teach that people who cling to the impure body as pure are the same as ignorant children who like and desire a vase of vomit beautified with ornaments," the difference lies in that Stearns's rendition compares "the people," not "the behaviors." That is, his rendition compares "the people who conduct behavior A" is as stupid as "the children who conduct behavior B."

བདེན་བཞི་སྟོན་མཛད་བླ་མའི་ཞབས་ལ་འདུད①||

'khor ba nyid la dga' ba'i sems can rnams //
mi rtag mi gtsang yid 'byung skyo bskyed nas //
bdag med stong pa zhi ba'i lam 'jug pa //
bden bzhi ston mdzad bla ma'i zhabs la 'dud //

Make sentient beings who are attached to the cyclic existence②
detached to and saddened by the impermanent and impure.
Show them the path of selfless emptiness.
I bow at the feet of the masters who teach the Four Noble Truths!

ཆོས་རྣམས་ཐམས་ཅད་རྐྱེན་ལས་བྱུང་བ་ཙམ།།
བདག་དང་སེམས་ཅན་སྲོག་དང་བྱེད་པོ་མེད།།
རྨི་ལམ་སྒྱུ་མ་སྨིག་སྒྱུ་སྒྲ་བརྙན་③དང་།།

---

① མའི་ཞབས་ལ་འདུད (*ma'i zhabs la 'dud*): These four words are omitted in the Bhutan and Beijing editions. This translation adds them back from the 'Dzam thang edition. See Appendix 5, p. 687, for the parallel comparison of these words among all three editions.

② "cyclic existence": Tibetan འཁོར་བ (*'khor ba*) is equivalent to the Sanskrit word *saṃsāra*. This translation seeks to avoid Sanskrit words in order to make it easy for common English readers. In Stearns's translation, the Sanskrit word *saṃsāra* is used.

③ སྒྲ་བརྙན (*sgra brnyan*): The Bhutan and 'Dzam thang editions use སྒྲ་བརྙན (*sgra brnyan*), which means "echo." The Beijing edition uses སྒྲ་སྙན (*sgra snyan*),

མཚུངས་པར་སྟོན་མཛད་བླ་མའི་ཞབས་ལ་འདུད[①]།།

chos rnams thams cad rkyen las byung ba tsam //
bdag dang sems can srog dang byed po med //
rmi lam sgyu ma smig sgyu sgra snyan dang //
mtshungs par ston mdzad bla ma'i zhabs la 'dud //

All phenomena[②] only arise from conditions,
without self, sentient beings, soul, or creator.
They are like a dream, an illusion, a mirage, or an echo.
I bow at the feet of the masters who thus teach!

དོན་སྣང་ཡང་སེམས་ཀྱི་བག་ཆགས་ཙམ།།
སེམས་དང་ཡིད་དང་རྣམ་པར་ཤེས་པ་ཡང་།།

---

which means "pleasant sound." See Appendix 5, p. 687, for the parallel comparison of these words among all three editions. Judging from the context, this translation adopts སྒྲ་བརྙན (*sgra brnyan*), or "echo." Stearns also translates this word as "echo."

① ཞབས་ལ་འདུད (*zhabs la 'dud*): These three words are omitted in the Bhutan and Beijing editions. This translation adds them back from the 'Dzam thang edition. See Appendix 5, p. 688, for the parallel comparison of these words among all three editions.

② "all phenomena" : ཆོས་རྣམས་ཐམས་ཅད (*chos rnams thams cad*) means "all conditioned phenomena," although the word "conditioned" is not explicitly written. That is, they do not include "unconditioned phenomena."

མིང་ཙམ་① བརྡ་ཙམ་མཁའ་ལྟར་སྟོང་ཉིད་དུ།།
གསལ་བར་སྟོན་མཛད་བླ་མའི་ཞབས་ལ་འདུད② །།

don du snang yang sems kyi bag chags tsam //
sems dang yid dang rnam par shes pa yang //
ming tsam brda tsam mkha' ltar stong nyid du //
gsal bar ston mdzad bla ma'i zhabs la 'dud //

Objects appear to be,
but are in fact only habitual predispositions of mind.
Mind, intellect, and consciousness
are only names and designations, just emptiness like space.
I bow at the feet of the masters who clearly thus teach!

---

① མིང་ཙམ (*ming tsam*): This is spelled མི་ཙམ (*mi tsam*) in the Bhutan edition, and མིང་ཙམ (*ming tsam*) in the 'Dzam thang and Beijing editions. See Appendix 5, p. 688, for the parallel comparison among all three editions. This translation adopts མིང་ཙམ (*ming tsam*) used in the 'Dzam thang and Beijing editions. མིང་ཙམ (*ming tsam*) is nāma–mātraka in Sanskrit, meaning "merely nominal." མི་ཙམ (*mi tsam*) is presumed to be a minor error. Stearns's English translation uses "mere names" here, supposedly for the same reason.

② མའི་ཞབས་ལ་འདུད (*ma'i zhabs la 'dud*): These four words are omitted in the Bhutan edition. This translation adds them back from the 'Dzam thang edition. See Appendix 5, p. 688, for the parallel comparison of these words among all three editions.

གཟུགས་སོགས་ཕུང་པོ་དབུ་བ་གདོས་པ་དང་།།
ཆུ་ཡི་ཆུ་བུར་སྨིག་རྒྱུ་①སོགས་འདྲར་སྟོན།།
སྐྱེ་མཆེད་གྲོང་སྟོང་ཁམས་རྣམས་སྦྲུལ་གདུག་དང་།།
མཚུངས་པར་སྟོན་མཛད་བླ་མའི་ཞབས་ལ་འདུད།།

gzugs sogs phung po dbu ba gdos pa dang //
chu yi chu bur smig rgyu sogs 'drar ston //
skye mched grong stong khams rnams sbrul gdug dang //
mtshungs par bla ma'i zhabs la 'dud //

The aggregates of form and so forth,
are like foam, bubbles, a mirage and so forth.
The sense spheres② are like empty cities.

---

① སྨིག་རྒྱུ (*smig rgyu*): This word is spelled སྨིག་སྒྱུར (*smig sgyur*) in the Bhutan edition, and སྨིག་རྒྱུ (*smig rgyu*) in the 'Dzam thang and Beijing editions. See Appendix 5, p. 688, for the parallel comparison of this word among all three editions. This translation adopts སྨིག་རྒྱུ (*smig rgyu*) used in the 'Dzam thang and Beijing editions. སྨིག་རྒྱུ (*smig rgyu*) is "marīci" in Sanskrit, meaning "mirage." སྒྱུར (*sgyur*) means "control," which is irrelevant to the context. Stearns's edition adopts "mirage," presumably for the same reason.

② "sense spheres": The original Tibetan here is སྐྱེ་མཆེད (*skye mched*), which corresponds to the Sanskrit word "*ayatana*," meaning the twelve "sense fields" or "sense factors," including the six external sense spheres (i.e., the six sense-spheres of forms, sounds, odors, tastes, tangible objects, and phenomena) and the six internal sense spheres (i.e., the six sense spheres of the eye, ear, nose, tongue, body, and mental sense powers), according to Rangjung

The constituents are like poisonous snakes.
I bow at the feet of the masters who thus teach!

སྲིད་དང་མྱ་ངན་འདས་པའི་ཆོས་རྣམས་ཀུན།།
མ་སྐྱེས་མ་འགགས་འགྲོ་འོང་གནས་བྲལ་ཞིང་།།
མཐའ་དང་དབུས་མེད་རང་རང་ངོ་བོ་ཡིས།།
སྟོང་པར་སྟོན་མཛད་བླ་མའི་ཞབས་ལ་འདུད①།།

Yeshe Tibetan-English Dictionary. སྐྱེ་མཆེད (*skye mched*) and *ayatana* are commonly translated as "入" (ru) or "處" (chu) in the Chinese sutras, both correspond to "sense spheres." Stearns, however, chooses "sensory bases" here, which some people may associate with"sensory faculty." "Sensory faculty"commonly corresponds to the Sanskrit word "*indriya*," the Tibetan word "དབང་པོ" (*dbang po*), and the Chinese word "根" (gen). There are six sensory faculties—five are physical: (1) eye sensory faculty; (2) ear sensory faculty; (3) nose sensory faculty; (4) tongue sensory faculty; (5) body sensory faculty, and (6) one is non-physical: the Manas. Tibetan, Sanskrit, and Chinese all distinguish སྐྱེ་མཆེད (*skye mched*) from དབང་པོ (*dbang po*) in a much clearer fashion than English does, because unfortunately, in English, a compound noun must be formed with similar words "sense" and "sensory," creating a certain degree of confusion. The current translation adopts "sense spheres."

① ཞབས་ལ་འདུད (*zhabs la 'dud*): These three words are omitted in the Bhutan edition. This translation adds them back from the 'Dzam thang edition. See Appendix 5, p. 688, for the parallel comparison of these words among all three editions.

srid dang mya ngan 'das pa'i chos rnams kun //
ma skyes ma 'gags 'gro 'ong gnas bral zhing //
mtha' dang dbus med rang rang ngo bo yis //
stong par ston mdzad bla ma'i zhabs la 'dud //

> **All the phenomena of existence and nirvāṇa are unborn and unceasing,**
> **free from going, coming, and remaining,**
> **without extremes or middle, each empty of its own nature.**
> **I bow at the feet of the masters who thus teach!**

བུམ་ནང་མར་མེ་དབུལ་པོའི་གཏེར་སོགས་བཞིན།།
བདེ་གཤེགས་སྙིང་པོ་འོད་གསལ་ཆོས་ཀྱི་སྐུ།།
ཀུན་རྫོབ་གློ་བུར་ཕུང་པོའི་སྦུབས་ནང་ན།།
གནས་པར་སྟོན་མཛད་བླ་མའི་ཞབས་ལ་འདུད[1]།།

bum nang mar me dbul po'i gter sogs bzhin //
bde gshegs snying po 'od gsal chos kyi sku //
kun rdzob glo bur phung po'i spubs nang na //
gnas par ston mdzad bla ma'i zhabs la 'dud //

---

[1] ཞབས་ལ་འདུད (*zhabs la 'dud*): These three words are omitted in the Bhutan edition. This translation adds them back from the 'Dzam thang edition. See Appendix 5, p. 688, for the parallel comparison of these words among all three editions.

Like a lamp within a vase, the treasure of a poor man, and so forth,
the sugata essence, the luminous dharmakāya,
exists within the conventional, incidental aggregates.
I bow at the feet of the masters who thus teach!

ཀུན་བརྟགས་གཞན་དབང་ཆོས་ཀུན་ཡོད་མིན་ཞིང་།།
ཡོངས་གྲུབ་ཆོས་ཉིད་ནམ་ཡང་མེད་མིན་ཞེས།།
ལེགས་པར་ཕྱེ་སྟེ་ཡོད་མེད་རྟག་ཆད་ལས།།
འདས་པར་སྟོན་མཛད་བླ་མའི་ཞབས་ལ་འདུད[1]།།

kun brtags gzhan dbang chos kun yod min zhing //
yongs grub chos nyid nam yang med min zhes //
legs par phye ste yod med rtag chad las //
'das par ston mdzad bla ma'i zhabs la 'dud //

All imputed and dependent phenomena are nonexistent,
but the thoroughly established true nature is never nonexistent.
Properly distinguish existence and nonexistence,
eternalism and nihilism.
I bow at the feet of the masters who teach such transcendence

---

[1] ཞབས་ལ་འདུད (*zhabs la 'dud*): These three words are omitted in the Bhutan edition. This translation adds them back from the 'Dzam thang edition. See Appendix 5, p. 689, for the parallel comparison of these words among all three editions.

[**beyond the two extremes**] **!**

ཀུན་རྫོབ་ཆོས་ཀུན་རྒྱུ་འབྲས་རྟེན་འབྲེལ་ཙམ།།
དོན་དམ་རང་བྱུང་རྟེན་འབྲེལ་ལས་འདས་ཞེས།།
རྐྱེན་ལས་བྱུང་དང་རང་བྱུང་ཡེ་ཤེས་ཀྱི།།
ཁྱད་པར་སྟོན་མཛད་བླ་མའི་ཞབས་ལ་འདུད①།།

kun rdzob chos kun rgyu 'bras rten 'brel tsam //
don dam rang byung rten 'brel las 'das zhes //
rkyen las byung dang rang byung ye shes kyi //
khyad par ston mdzad bla ma'i zhabs la 'dud //

All conventional phenomena
are merely the dependent origination of cause and result,
but the self-existent absolute transcends dependent arising.
Distinguish what arises from conditions
and what is self-existent primordial wisdom②.

---

① ཞབས་ལ་འདུད (*zhabs la 'dud*): These three words are omitted in the Bhutan edition. This translation adds them back from the 'Dzam thang edition. See Appendix 5, p. 689, for the parallel comparison of these words among all three editions.

② "Distinguish what arises from conditions and what is self–existent primordial wisdom" : The two objects that the original Tibetan རྐྱེན་ལས་བྱུང་དང་རང་བྱུང་ཡེ་ཤེས (*rkyen las byung dang rang byung ye shes*) attempts to distinguish are: 1. "རྐྱེན་ལས་བྱུང" (*rkyen las byung*), which means "what arises from conditions" and

I bow at the feet of the masters who thus teach!

ཕྱི་ནང་ཆོས་ཀུན་མ་རིག་འཁྲུལ་འཁོར་ཙམ།།

གཞན་ནི་ཆོས་ཉིད་རང་བྱུང་ཡེ་ཤེས་ཞེས།།

རྣམ་ཤེས་ཡེ་ཤེས་འཁོར་འདས་བདེན་གཉིས་ཀྱི།།

རྣམ་དབྱེ་སྟོན་མཛད་བླ་མའི་ཞབས་ལ་འདུད[①]།།

phyi nang chos kun ma rig 'khrul 'khor tsam //

gzhan ni chos nyid rang byung ye shes zhes //

rnam shes ye shes 'khor 'das bden gnyis kyi //

rnam dbye ston mdzad bla ma'i zhabs la 'dud //

All outer and inner phenomena

---

2. "རང་བྱུང་ཡེ་ཤེས" (*rang byung ye shes*), which means "what is self–existent primordial wisdom." However, Stearns's translation "teaching the difference between primordial awareness that arises from conditions, and what is self–arisen" apparently lists the two objects as 1. "primordial awareness that arises from conditions" and 2. "what is self–arisen." This interpretation shifts the noun, primordial awareness, from what the adjective "self–arisen" describes, to what the clause "arises from conditions" describes. This translator thinks that this is not only an error, but an opposite interpretation of what Dolpopa intends for the term "རང་བྱུང་ཡེ་ཤེས (*rang byung ye shes*)," which clearly means a "ye shes" (awareness) that is "rang" (self) "byung" (existent), the opposite of "what arises from conditions."

① མའི་ཞབས་ལ་འདུད (*ma'i zhabs la 'dud*): These four words are omitted in the Bhutan and Beijing editions. This translation adds them back from the 'Dzam thang edition. See Appendix 5, p. 689, for the parallel comparison of these words among all three editions.

are only the vicious circle of confusing ignorance,
but the other is dharma nature,
self-existent primordial wisdom.
Differentiate between consciousness and primordial wisdom,
cyclic existence and nirvāṇa, and the two truths.
I bow at the feet of the masters who thus teach!

ཀུན་རྫོབ་སྲིད་གསུམ་འཁྲུལ་སྣང་སྒྲོ་བཏགས་ཙམ།།
དོན་དམ་སྲིད་གསུམ་བདེ་གཤེགས་སྙིང་པོ་ནི།།
གཞོམ་མེད་མ་བརྟགྶ[1]་མ་འཁྲུལ་སྣང་བ་ཞེས།།
ཕྱེ་སྟེ་སྟོན་མཛད་བླ་མའི་ཞབས་ལ་འདུད[2]།།

kun rdzob srid gsum'khrul snang sgro btags tsam //
don dam srid gsum bde gshegs snying po ni //
gzhom med ma brtags ma 'khrul snang ba zhes //
phye ste ston mdzad bla ma'i zhabs la 'dud //

---

① བརྟགྶ (*brtags*): This word is spelled བརྟགྶ (*brtags*) in the Bhutan edition, བརྟགས (*brtags*, with the letter ས as a suffix, not a subscript), and བརྟག (*brtag*) in the Beijing edition. The three variations mean the same thing, and this translation adopts བརྟགྶ (*brtags*) used in the Bhutan edition. See Appendix 5, p. 689, for the parallel comparison of this word among all three editions.

② མའི་ཞབས་ལ་འདུད (*ma'i zhabs la 'dud*): These four words are omitted in the Bhutan and Beijing editions. This translation adds them back from the 'Dzam thang edition. See Appendix 5, p. 689, for the parallel comparison of these words among all three editions.

The conventional three realms are only a confusing, exaggerated appearance,
while the absolute three realms, the sugata essence,
are an unbreakable, unimagined, unconfusing appearance.
I bow at the feet of the masters who thus teach!

བདེན་པ་བཞི་ཡི་ཆོས་ཀྱི་འཁོར་ལོ་དང་།།
མཚན་ཉིད་མེད་པའི་ཆོས་ཀྱི་འཁོར་ལོ་དང་།།
དོན་དམ་རྣམ་ངེས་ཆོས་ཀྱི་འཁོར་ལོ་ཡི།།
དགོངས་པ་སྟོན་མཛད་བླ་མའི་ཞབས་ལ་འདུད[①]།།

bden pa bzhi yi chos kyi 'khor lo dang //
mtshan nyid med pa'i chos kyi 'khor lo dang //
don dam rnam nges chos kyi 'khor lo yi //
dgongs pa ston mdzad bla ma'i zhabs la 'dud //

The Dharma wheel of the Four Noble Truths,
the Dharma wheel of no characteristics,
and the Dharma wheel of ascertainment of the absolute.
I bow at the feet of the masters who teach the intentions of these!

---

① ཞབས་ལ་འདུད (*zhabs la 'dud*): These three words are omitted in the Bhutan edition. This translation adds them back from the 'Dzam thang edition. See Appendix 5, p. 689, for the parallel comparison of these words among all three editions.

འཁོར་ལོ་རིམ་གསུམ་བདུད་རྩིའི་ཆུ་རྒྱུན་གྱིས།།
རགས་པ་ཕྲ་བ་ཤིན་ཏུ་ཕྲ་བ་ཡི།།
དྲི་མ་གསུམ་སྦྱངས་ཆོས་སྐུའི་རང་བཞིན་མཆོག།
དྲི་བྲལ་ཐོབ་མཛད་བླ་མའི་ཞབས་ལ་འདུད①།།

'khor lo rim gsum bdud rtsi'i chu rgyun gyis //
rags pa phra ba shin tu phra ba yi //
dri ma gsum sbyangs chos sku'i rang bzhin mchog //
dri bral thob mdzad bla ma'i zhabs la 'dud //

With the nectar stream of the three Dharma wheels in sequence,
clean the three coarse, subtle, and extremely subtle impurities,
so the self-existent supreme dharmakāya,
free from impurity, is obtained.
I bow at the feet of the masters who perform such act!

དོན་སྣ་རྣམས་ལ་ཐམས་ཅད་སེམས་སུ་སྟོན།།
སེམས་སུ་ཞེན་ལ་སྣང་མེད་དབུ་མ་སྟོན།།
སྣང་མེད་སྣ་ལ་ཡང་དག་སྣང་བ་ཡི།།
དབུ་མ་སྟོན་མཛད་བླ་མའི་ཞབས་ལ་འདུད②།།

① ཞབས་ལ་འདུད (*zhabs la 'dud*): These three words are omitted in the Bhutan edition. This translation adds them back from the 'Dzam thang edition. See Appendix 5, p. 689, for the parallel comparison of these words among all three editions.

② མའི་ཞབས་ལ་འདུད (*ma'i zhabs la 'dud*): These four words are omitted in the Bhutan

don smra rnams la thams cad sems su ston //
sems su zhen la snang med dbu ma ston //
snang med sma la yang dag snang ba yi //
dbu ma ston mdzad bla ma'i zhabs la 'dud //

Teach that external objects are mind-only.
Teach those who cling to the mind the Middle-Way of no appearance[①]**.**

---

and Beijing editions. This translation adds them back from the 'Dzam thang edition. See Appendix 5, p. 689, for the parallel comparison of these words among all three editions.

① "the Middle–Way of no appearance" : The Tibetan is སྣང་མེད་དབུ་མ (*snang med dbu ma*). སྣང་མེད (*snang med*) means "without appearance," དབུ་མ (*dbu ma*) means "Middle–Way" (Madhyamaka), and "the Middle–Way of no appearance" contrasts "the Middle–Way of appearance" (*snang bcas gi dbu ma*). To help readers clarify the difference between the two, this note offers further information seen from Dolpopa's other writings, in which he sometimes contrasts the two by adding two adjectives གནས་སྐབས (*gnas skabs*; temporary) and མཐར་ཐུག (*mthar thug*; ultimate) respectively to the two, which become "the temporary Middle–Way with no appearance" (སྣང་མེད་གནས་སྐབས་ཀྱི་དབུ་མ; *snang med gnas skabs kyi dbu ma*) and "the ultimate Middle–Way with appearance" (སྣང་བཅས་མཐར་ཐུག་གི་དབུ་མ; *snang bcas mthar thug gi dbu ma*). For example, in Dolpopa's *Proclamation of the Great Bliss of the Dharmadhātu* (ཆོས་དབྱིངས་བདེ་བ་ཆེན་པོའི་འཇའ་ས; *Chos dbyings bde ba chen po'i 'ja' sa*), he says, "དེ་ལས་འདས་ནས་བཀའ་ཐ་མའི་དགོངས་པ་སྣང་བཅས་མཐར་ཐུག་གི་དབུ་མ་ལ་གནས་དགོས་ཀྱི། (*de las 'das nas bka' tha ma'i dgongs pa snang bcas mthar thug gi dbu ma la gnas dgos kyi /*)",

Teach those who have accepted no appearance the Middle-Way of reality①.
I bow at the feet of the masters who thus teach!

དམན་པ་རྣམས་ལ་རྒྱུ་འབྲས་ཆོས་རྣམས་སྟོན།།
ཡོད་འཛིན་ཅན་ལ་ཐམས་ཅད་སྟོང་པར་སྟོན།།

---

which means "the meaning of the ultimate Dharma wheel transcends the **temporary** Middle–Way of no appearance, and it must exist in the **ultimate** Middle–Way of appearance" (translated, and boldface added by this translator).

① "the Middle–Way of reality": The Tibetan is ཡང་དག་སྣག་བའི་དབུ་མ (*yang dag snag ba'i dbu ma*), in which ཡང་དག་སྣག་བ (*yang dag snag ba*) means "truth" or "reality." "yang dag pa" corresponds to the Sanskrit word *bhūta*, which means "true" or "real." For example, the Sanskrit term *bhūta-guṇa* is translated as "ཡང་དག་པའི་ཡོན་ཏན" (*yang dag pa'i yon tan*) in Tibetan and "real merit" in English. The Tibetan version of *Laṅkāvatāra Sūtra (lang kar gshegs pa'i mdo, laṅkāvatārasūtra,* stanza X.429) says, "*yang dag kun rdzob, satyaṃ saṃvṛti,*" which corresponds to Sanskrit "*niḥsvabhāveṣu yā bhrāntistatsatyaṃ saṃvṛtirbhavet,*" and its Chinese translation is "不了解自性無的顛倒識被認為實相之障，" which renders "ཡང་དག" (*yang dag*) as "實相" or "reality." Consistent with these examples, this translation adopts the expression of "the Middle–Way of reality" for ཡང་དག་སྣག་བའི་དབུ་མ (*yang dag snag ba'i dbu ma*). This "Middle–Way of reality" is, nevertheless, different from ངེས་དོན་ལ་དབུ་མ་ཆེན་པོ (*nges don la dbu ma chen po*), or the Middle–Way of definitive meaning.

ཅང་མེད་སྨྲ་ལ་འོད་གསལ་[1]བདེ་གཤེགས་ཀྱི།།
སྙིང་པོ་སྟོན་མཛད་བླ་མའི་ཞབས་ལ་འདུད[2]།།

dman pa rnams la rgyu 'bras chos rnams ston //
yod 'dzin can la thams cad stong par ston //
cang med smra la 'od gsal bde gshegs kyi //
snying po ston mdzad bla ma'i zhabs la 'dud //

> **Teach the inferior the Dharma of cause and result.**
> **Teach those who cling to existence that everything is empty.**
> **Teach those who accept emptiness[3] the luminous sugata essence.**
> **I bow at the feet of the masters who thus teach!**

---

① གསལ (*gsal*): The word is spelled གསོལ (*gsol*) in the Bhutan edition, and གསལ (*gsal*) in the 'Dzam thang and Beijing editions. See Appendix 5, p. 689, for the parallel comparison of this word among all three editions. འོད་གསལ ('*od gsal*) means "clear light," and this meaning is what this translation adopts. གསོལ (*gsol*) means "to beg, to make an offering," which is not relevant to the context.

② ཞབས་ལ་འདུད (*zhabs la 'dud*): These three words are omitted in the Bhutan edition. This translation adds them back from the 'Dzam thang edition. See Appendix 5, p. 689, for the parallel comparison of these words among all three editions.

③ "those who accept emptiness": Stearns's rendition of "those who accept nothing" appears to be ambiguous. It can mean "those who does not accept anything," which is apparently not what Dolpopa intended. This translation uses an unambiguous expression of "those who accept emptiness."

དབང་པོ་དམན་ལ་ཉན་ཐོས་ཐེག་པ་དང་།།
དབང་པོ་འབྲིང་ལ་རང་རྒྱལ་ཐེག་པ་དང་།།
མཆོག་ལ་ཐེག་མཆོག་རྒྱུ་དང་འབྲས་བུའི་ཚུལ།།
མདོ་སྔགས་སྟོན་མཛད་བླ་མའི་ཞབས་ལ་འདུད①།།

dbang po dman la nyan thos theg pa dang //
dbang po 'bring la rang rgyal theg pa dang //
mchog la theg mchog rgyu dang 'bras bu'i tshul //
mdo sngags ston mdzad bla ma'i zhabs la 'dud //

Teach those of inferior faculties the Vehicle of Hearer.
Teach those of middling faculties the Vehicle of Solitary-realizer.
Teach the superior the sutra and mantra styles of cause and result in the supreme vehicle.
I bow at the feet of the masters who thus teach!

ཇི་ལྟར་བུ་ཆུང་གཞོན་ནུ་ལང་ཚོ་རྣམས།།
སྟོད་དང་འཚམ་②པར་ཕ་མས་སྐྱོང་བ་ལྟར།།

---

① ཞབས་ལ་འདུད (*zhabs la 'dud*): These three words are omitted in the Bhutan edition. This translation adds them back from the 'Dzam thang edition. See Appendix 5, p. 690, for the parallel comparison of these words among all three editions.

② འཚམ (*'tsham*): The word is spelled འཚམ (*'tsham*) in the Bhutan and 'Dzam thang editions, and འཚམས (*'tshams*) in the Beijing edition. See Appendix 5, p. 690 for

འཁོར་ལོ་རིམ་གསུམ་ཁྱད་པར་གསང་སྔགས་ཀྱི།།
གདུལ་བྱ་རིམ་བཞིན་སྐྱོང་མཛད་ཁྱོད་ལ་འདུད།།

ji ltarbu chung gzhon nu lang tsho rnams //
snod dang 'tsham par pha mas skyong ba ltar //
'khor lo rim gsum khyad par gsang sngags kyi //
gdul bya rim bzhin skyong mdzad khyod la 'dud //

> **Like parents protecting infants, adolescents, and young adults according to their development,**
> **the three Dharma wheels, particularly the secret mantra,**
> **are taught to disciples in sequence.**
> **I bow to you who thus practice!**

ཡང་ན་དམན་པ་འབྲིང་དང་མཆོག་གི་བུ།།
རྒྱུད་དང་འཚམ་པའི་ལས་ལ་སྦྱོར་བ་ལྟར།།
འཁོར་ལོ་རིམ་གསུམ་ཁྱད་པར་སྔགས་ཀྱི་ཚུལ།།
གདུལ་བྱའི་རྒྱུད་དང་འཚམ་པར་སྟོན་ལ་འདུད།།

yang na dman pa 'bring dang mchog gi bu //
rgyud dang 'tsham pa'i las la sbyor ba ltar //
'khor lo rim gsum khyad par sngags kyi tshul //
gdul bya'i rgyud dang 'tsham par ston la 'dud //

---

the parallel comparison of this word among all three editions. These variations of spelling mean the same thing.

Moreover, like assigning appropriate activities to an inferior, middling, or superior disciple,
teach the three Dharma wheels,
especially in the form of mantras, in sequence.
I bow to you who appropriately teach tantras to the trainable!

ཁང་བཟང་སུམ་བརྩེགས་[1]སྟེང་དུ་འཛེགས་[2]པ་ལྟར།།
འཁོར་ལོ་རིམ་གསུམ་ཁྱད་པར་གསང་སྔགས་ཀྱི།།
སངས་རྒྱས་བསྟན་པའི་ཁང་བཟང་སུམ་བརྩེགས་ལ།།
རིམ་བཞིན་འཛེགས་པར་སྟོན་མཛད་ཁྱོད་ལ་འདུད།།

khang bzang sum brtsegs steng du 'dzegs pa ltar //
'khor lo rim gsum khyad par gsang sngags kyi //

---

[1] སུམ་བརྩེགས (*sum brtsegs*): These words are spelled སུམ་རྩེག (*sum rtseg*) in the Bhutan edition, གསུམ་བརྩེགས (*gsum brtsegs*) in the 'Dzam thang edition, and སུམ་བརྩེགས (*sum brtsegs*) in the Beijing edition. See Appendix 5, p. 690, for the parallel comparison of this word among all three editions. These three variations all mean "three layers," and remain the same the second time these words appear in this paragraph. This translation adopts what is used in the Beijing editions.

[2] འཛེགས (*'dzegs*): The word is spelled འཛེག (*'dzeg*) in the Bhutan and 'Dzam thang editions, and འཛེགས(*'dzegs*) in the Beijing edition. See Appendix 5, p. 690, for the parallel comparison of this word among all three editions. The variations mean the same thing, and the variations also appear the second time this word is used in the this paragraph. This translation adopts what is used in the Beijing editions.

sangs rgyas bstan pa'i khang bzang sum brtsegs la //
rim bzhin 'dzegs par ston mdzad khyod la 'dud //

> **Like climbing to the top of a three-storied palace,**
> **the three-storied palace of the three Buddhist Dharma wheels,**
> **particularly the secret mantra,**
> **is to be climbed in sequence.**
> **I bow to you who thus teach!**

ཇི་ལྟར་ནོར་བུ་མཁན་གྱིས་ནོར་བུ་ཡི།།
དྲི་མ་རིམ་གསུམ་རིམ་བཞིན་སྦྱོང་བ་ལྟར།།
འཁོར་ལོ་རིམ་གསུམ་ཁྱད་པར་གསང་སྔགས་ཀྱིས།།
བདེ་གཤེགས་སྙིང་པོ་①སྦྱོང་བར་སྟོན་②ལ་འདུད།།

ji ltar nor bu mkhan gyis nor bu yi //

---

① བདེ་གཤེགས་སྙིང་པོ (*bde gshegs snying po*): These words are spelled བདེ་གཤེགས་སྙིང་པོར (*bde gshegs snying por*) in the Bhutan edition, and བདེ་གཤེགས་སྙིང་པོ (*bde gshegs snying po*) in the 'Dzam thang and Beijing editions. See Appendix 5, p. 690, for the parallel comparison of this word among all three editions. བདེ་གཤེགས་སྙིང་པོ (*bde gshegs snying po*) is "sugata essence." This translation adopts what is used in the 'Dzam thang and Beijing editions.

② སྟོན (*ston*): The word is spelled བསྟོན (*bston*) in the Bhutan edition, and སྟོན (*ston*) in the 'Dzam thang and Beijing editions. See Appendix 5, p. 690, for the parallel comparison of this word among all three editions. སྟོན (*ston*) means "to teach," which is a recurring word in almost all paragraphs. This translation adopts the common form སྟོན (*ston*) seen in the 'Dzam thang and Beijing editions.

dri ma rim gsum rim bzhin sbyong ba ltar //
'khor lo rim gsum khyad par gsang sngags kyis //
bde gshegs snying po sbyong bar ston la 'dud //

Like the jewelers removing the three layers of stain on a jewel,
purify the sugata essence by the three Dharma wheels,
in sequence, particularly by secret mantra.
I bow to you who thus teach!

བདེ་གཤེགས་སྙིང་པོ་རྒྱུ་དང་འབྲས་བུ་གཞན།།
རྒྱུ་གཞན་འོད་གསལ་སྟོང་ཉིད་གཟུགས་བརྙན་ཏེ།།
འབྲས་བུ་གཞན་ནི་འགྱུར་མེད་བདེ་བ་ཆེ།།
པྲ་ཕབ་བརྒྱད་དང་མཚུངས་པར་སྟོན་ལ་འདུད།།

bde gshegs snying po rgyu dang 'bras bu gzhan //
rgyu gzhan 'od gsal stong nyid gzugs brnyan te //
'bras bu gzhan ni 'gyur med bde ba che //
pra phab brgyad dang mtshungs par ston la 'dud //

The sugata essence has other cause and result.
The other cause is the image of luminous emptiness.
The other result is changeless great bliss,
resembling the eight prognostic images.
I bow to you who thus teach!

གསང་བ་གསང་ཆེན་མཁའ་ཁམས་སྣ་ཚོགས་ཡུམ།།
ཆོས་འབྱུང་ཆུ་སྐྱེས་ཟླ་ག་སེང་གེའི་ཁྲི།།

བདག་མེད་ཕག་མོ་ལ་སོགས་སྣ་ཚོགས་མིང་།།
དུ་མ་དོན་གཅིག་སྟོང་ཉིད་སྟོན་ལ་འདུད།།

gsang ba gsang chen mkha' khams sna tshogs yum //
chos 'byung chu skyes bha ga seng ge'i khri //
bdag med phag mo la sogs sna tshogs ming //
du ma don gcig stong nyid ston la 'dud //

Secret, Great Secret, Element of Space[①], Viśvamātā[②],
Source of Phenomena, Lotus, Bhaga, Lion Throne,
Nairātmyā, Varāhī, and so forth,
those many various names have one meaning — emptiness.
I bow to you who thus teach!

དེ་ཉིད་རྡོ་རྗེ་ཐིག་ལེ་ཧེ་རུ་ཀ།།
འདུས་པ་སྡོམ་པ་ཧེ་དང་སྙིང་རྗེ་ཆེ།།
དང་པོའི་སངས་རྒྱས་བྱང་ཆུབ་སེམས་སོགས་མིང་།།
དུ་མ་དོན་གཅིག་བདེ་ཆེན་སྟོན་ལ་འདུད།།

de nyid rdo rje thig le he ru ka //

---

① "Element of Space" : མཁའ་ཁམས (*mkha' khams*), which is one of the five Elements. The rest are Element of Earth, Element of Fire, Element of Water, Element of Wind.

② "*Viśvamātā*" : the Sanskrit word for སྣ་ཚོགས་ཡུམ (*sna tshogs yum*), literally meaning "mother of the world." *Viśvamātā* is the consort of *Cakrasaṃvara*.

'dus pa sdom pa he dang snying rje che //
dang po'i sangs rgyas byang chub sems sogs ming //
du ma don gcig bde chen ston la 'dud //

Like Vajra, Drop, Heruka, and Gathering,
Restraint, He[①], Great Compassion,
Primordial Buddha, and Enlightenment Mind,
all these various names have the identical meaning — great bliss.
I bow to you who thus teach!

རྡོ་རྗེ་སེམས་དཔའ་ཨེ་ཝཾ་དུས་འཁོར་ལོ།།
འཁོར་ལོ་སྡོམ་པ་དགྱེས་པ་རྡོ་རྗེ་དང་།།
སྒྱུ་འཕྲུལ་དྲྭ་བ་གསང་འདུས་ལ་སོགས་མིང་།།
དུ་མ་དོན་གཅིག་ཟུང་འཇུག་སྟོན་ལ་འདུད།།

rdo rje sems dpa' e wam dus 'khor lo //
'khor lo sdom pa dgyes pa rdo rje dang //
sgyu 'phrul drwa ba gsang 'dus la sogs ming //
du ma don gcig zung 'jug ston la 'dud //

Vajrasattva, Evaṃ, Kālacakra, Cakrasaṃvara[②],

---

① "He" : ཧེ, the sound of "he." In 《薄伽梵喜金剛一念瑜珈常修儀軌》, mantras like "ཤ་ཊྲུན་ཧ་ཧཱ་ཧི་ཧཱི་ཧུ་ཧཱུ་ཧེ་ཧཻ་ཧོ་ཧཽ་ཧཾ་ཧཿ་ཕཊ་སྭཱ་ཧཱ" (Sha Trun. Ha Ha. Hi Hi. Hu Hu. He He. Ho Ho. Ham Ha. Phed So Ha.) are seen.

② "*Cakrasaṃvara*" : The Sanskrit word is used here. *Cakrasaṃvara* is the

Hevajra, Māyājāla①, and Guhyasamāja and so forth,
all these various names have one identical meaning — union.
I bow to you who thus teach!

ཟུང་འཇུག་དབྱེར་མེད་རོ་མཉམ་མི་ཤིགས་པ།།
རང་བྱུང་ཡེ་ཤེས་དང་པོའི་སངས་རྒྱས་ནི།།
དྲི་བཅས་དེ་བཞིན་ཉིད་དུ་ཐམས་ཅད་ལ།།
མཁའ་བཞིན་ཀུན་གཞིར་ཡོད་པར་སྟོན་ལ་འདུད།།

zung 'jug dbyer med ro mnyam mi shigs pa //
rang byung ye shes dang po'i sangs rgyas ni //
dri bcas de bzhin nyid du thams cad la //
mkha' bzhin kun gzhir yod par ston la 'dud //

Union, indivisible, equal-flavored, indestructible,
self-existent primordial wisdom, the Primordial Buddha,
is defiled suchness, present in all,

---

main deity of འཁོར་ལོ་བདེ་མཆོག་རྒྱུད ('*Khor lo bde mchog rgyud*), or *The Wheel of Supreme Happiness Tantra*, or in Sanskrit "*Cakrasaṃvara-tantra.*" It is categorized as the "mother tantra" (མ་རྒྱུད; *ma rgyud*) of the highest yoga tantra (རྣལ་འབྱོར་བླ་ན་མེད་གྱི་རྒྱུད; *rnal 'byor bla na med gyi rgyud*; Skt. *anuttara-yoga-tantra*). It is usually portrayed as blue–skinned, four–faced, twelve–armed with the consort *Vajravarahi* in his embrace.

① "*Māyājāla*" : It is the Sanskrit word for སྒྱུ་འཕྲུལ་དྲ་བ (*Sgyu 'phrul dra ba*), meaning "magic net."

like the sky, existing as the ālayavijñāna①.

I bow to you who thus teach!

དེ་ཉིད་དྲི་མའི་སྦུབས་ལས་གྲོལ་བའི་ཐབས།།
རྡོ་རྗེའི་རྣལ་འབྱོར་ཤེས་རབ་ཕ་རོལ་ཕྱིན།།
ཤིན་ཏུ་རྣལ་འབྱོར་ཕྱག་རྒྱ་ཆེ་སྒོམས་པ།།
ཡན་ལག་དང་བཅས་ལམ་དུ་སྟོན་ལ་འདུད།།

de nyid dri ma'i sbubs las grol grol ba'i thabs //
rdo rje'i rnal 'byor shes shes rab pha rol phyin //
shin tu rnal 'byor phyag rgya che sgoms pa //
yan lag dang bcas dang bcas lam du ston la 'dud //

This is exactly the expediency

for freeing from the defilement —

by Vajrayoga, the Perfection of Wisdom, the Atiyoga,

and the meditation of the Great Seal with its branches as the path.

I bow to you who thus teach!

གཞི་ལ་བཞུགས་པ་ལམ་གྱི་ཐབས་མཆོག་གིས།།
སྤྲིན་དང་རྡུལ་སོགས་དྭངས་པའི་ནམ་མཁའ་བཞིན།།

---

① "*ālayavijñāna*" : ཀུན་གཞི (*kun gzhi*) means "basis of all, universal ground." It corresponds to the Sanskrit word *ālaya or ālayavijñāna*, which is the basis of all phenomena.

དྲི་མ་ཀུན་སྤངས་དྲི་མེད་དེ་བཞིན་ཉིད།།
མངོན་དུ་གྱུར་ཙམ་འབྲས་བུར་སྟོན་ལ་འདུད།།

gzhi la bzhugs pa lam gyi thabs mchog gis //
sprin dang rdul sogs dangs ba'i nam mkha' bzhin //
dri ma kun spangs dri med de bzhin nyid //
mngon du gyur tsam 'bras bur ston la 'dud //

> **The supreme method already resides in the cause ground,**
> **just like the sky free from clouds, dust and so forth.**
> **Realizing the undefiled suchness with all impurities removed**
> **is only a result**①**.**
> **I bow to you who thus teach!**

འགྱུར་མེད་འོད་གསལ་② རྣམ་པར་མི་རྟོག་པའི།།

---

① "Realizing the undefiled suchness with all impurities removed is only a result" : དྲི་མ་ཀུན་སྤངས་དྲི་མེད་དེ་བཞིན་ཉིད། ། མངོན་དུ་གྱུར་ཙམ་འབྲས་བུར (*dri ma kun spangs dri med de bzhin nyid / mngon du gyur tsam 'bras bur*) means "Realizing the undefiled suchness with all impurities removed" is only a result of "realizing the cause that already exists," and the reason is the first sentence of this paragraph: "The supreme method already resides in the cause ground."

② གསལ (*gsal*): The word is spelled གསོལ (*gsol*) in the Bhutan edition, and གསལ (*gsal*) in the 'Dzam thang and Beijing editions. See Appendix 5, p. 691, for the parallel comparison of this word among all three editions. འོད་གསལ (*'od gsal*) means "clear light," which is used in this translation.

ཡེ་ཤེས་ཚོགས་ཀྱིས་རང་བྱུང་ཡེ་ཤེས་ཀྱི།།
དྲི་མའི་སྦུབས་བཅོམ་དོན་དམ་ཆོས་སྐུ་ཡིས།།
རང་དོན་ཕུན་ཚོགས་གྲུབ་པར་སྟོན་ལ་འདུད།།

'gyur med 'od gsal rnam par mi rtog pa'i //
ye shes tshogs kyis rang byung ye shes kyi //
dri ma'i sbubs bcom don dam chos sku yis //
rang don phun tshogs grub par ston la 'dud //

Unchanging luminosity is nonconceptual.
Collection of wisdom destroys the defilement on self-existent primordial wisdom.
The absolute dharmakāya accomplishes sublime benefit for oneself.
I bow to you who thus teach!

མ་རྟོགས་འགྲོ་ལ་བརྩེ་ཆེན་ལྷག་བསམ་གྱིས།།
ཕན་དང་བདེ་སྒྲུབ་བསོད་ནམས་ཚོགས་ཀྱིས་ནི།།
ཀུན་རྫོབ་གཟུགས་སྐུ་ཕུན་ཚོགས་རབ་བསྐྱེད་ནས།།
གཞན་དོན་ཕུན་ཚོགས་གྲུབ་པར་སྟོན་ལ་འདུད།།

ma rtogs 'gro la brtse chen lhag bsam gyis //
phan dang bde sgrub bsod nams tshogs kyis ni //
kun rdzob gzugs sku phun tshogs rab bskyed nas //
gzhan don phun tshogs grub par ston la 'dud //

Superior intent of great compassion arises toward the ignorant[①],
creates the assembly of merit that achieves benefit and bliss,
produces the perfect conventional Form Body,
and accomplishes perfect benefit for others.
I bow to you who thus teach!

སྨོན་ལམ་རྒྱ་མཚོ་ཡོངས་སུ་རྫོགས་པ་དང་།།
སེམས་ཅན་རྒྱ་མཚོ་ཡོངས་སུ་སྨིན་པ་དང་།།
ཞིང་ཁམས་རྒྱ་མཚོ་ཡོངས་སུ་དག་བྱས་ནས།།
ཡང་དག་མཐའ་ལ་ཐིམ་པར་སྟོན་ལ་འདུད།།

smon lam rgya mtsho yongs su rdzogs pa dang //
sems can rgya mtsho yongs su smin pa dang //
zhing khams rgya mtsho yongs su dag byas nas //
yang dag mtha' la thim par ston la 'dud //

After completely perfecting an ocean of prayers,
completely maturing an ocean of sentient beings,
and completely purifying an ocean of pure lands,

① "ignorant" : The word comes from མ་རྟོགས (*ma rtogs*) in the 'Dzam thang edition, meaning "without understanding." The Bhutan edition uses མར་གྱུར (*ma gyur*), meaning "maternal," which is not relevant in this context. Therefore, this translation adopts མ་རྟོགས (*ma rtogs*) seen in the 'Dzam thang edition. See the last line in Appendix 5, p. 693, for the parallel comparison of this word among all three editions.

one dissolves into the apex of reality.

I bow to you who thus teach!

བུམ་བཟང་ཉི་མ་ནོར་བུ་དཔག་བསམ་ཤིང་།།
ལྷ་ཡི་རྔ་བཞིན་མི་འབད་མི་རྟོག་ཀྱང་།།
སྔོན་གྱི་འཕེན་པས་གཞན་ཕན་ལྷུན་གྲུབ་ཏུ།།
ཕྱོགས་དུས་ཀུན་ཏུ་འབྱུང་བར་སྟོན་ལ་འདུད།།

bum bzang nyi ma nor bu dpag bsam shing //
lha yi rnga bzhin mi 'bad mi rtog kyang //
sngon gyi 'phen pas gzhan phan lhun grub tu //
phyogs dus kun tu 'byung bar ston la 'dud //

Like the magical vase, the sun, the jewel, the wish-fulfilling tree, and the heavenly drum,

because of prior directive force,

benefit to others will spontaneously occur everywhere and all the time,

even without exertion or thought.

I bow to you who thus teach!

ཆོས་འཁོར་མཐར་ཐུག་འཁོར་ལོ་ཐ་མ་ལ།།
ཐེག་པའི་མཐར་ཐུག་ཐེག་པ་ཆེན་པོ་དང་།།
ཐེག་ཆེན་མཐར་ཐུག་སྙིང་པོའི་ཐེག་པ་དང་།།
སྙིང་པོའི་མཐར་ཐུག་བདེ་ཆེན་སྟོན་ལ་འདུད།།

chos 'khor mthar thug 'khor lo tha ma la //
theg pa'i mthar thug theg pa chen po dang //
theg chen mthar thug snying po'i theg pa dang //
snying po'i mthar thug bde chen ston la 'dud //

The ultimate[1] Dharma wheel is the final wheel.
The ultimate vehicle is the Great Vehicle.
The ultimate Great Vehicle is the Vehicle of the essence[2].
The ultimate essence is great bliss.
I bow to you who thus teach!

བསྟན་པའི་མཐར་ཐུག་ཐེག་པ་ཆེན་པོ་དང་།།
ཐེག་ཆེན་མཐར་ཐུག་སྔགས་ཀྱི་ཐེག་པ་དང་།།
སྔགས་ཀྱི་མཐར་ཐུག་དུས་ཀྱི་འཁོར་ལོ་དང་།།
དུས་འཁོར་མཐར་ཐུག་བདེ་སྟོང་སྟོན་ལ་འདུད།།

bstan pa'i mthar thug theg pa chen po dang //
theg chen mthar thug sngags kyi theg pa dang //

---

① "ultimate": All the "ultimate" from this paragraph on, corresponds to the Tibetan word "མཐར་ཐུག (*mthar thug*)." This translation strictly separates "ultimate" from "absolute" according to the Tibetan words "མཐར་ཐུག (*mthar thug*)" or "དོན་དམ (*don dam*)," because Dolpopa uses them distinctly.

② "The ultimate Great Vehicle is the Vehicle of the essence": The "essence" in the sentence ཐེག་ཆེན་མཐར་ཐུག་སྙིང་པོའི་ཐེག་པ (*theg chen mthar thug snying po'i theg pa*) refers to "sugata essence."

sngags kyi mthar thug dus kyi 'khor lo dang //
dus 'khor mthar thug bde stong ston la 'dud //

The ultimate doctrine is the Great Vehicle.
The ultimate Great Vehicle is the Vehicle of Mantra.
The ultimate mantra is Kālacakra.
The ultimate Kālacakra is bliss and emptiness.
I bow to you who thus teach!

གྲུབ་མཐའི་མཐར་ཐུག་དབུ་མ་ཆེན་པོ་དང་།།
དབུ་མའི་མཐར་ཐུག་སྐྱེ་མེད་མཐའ་བྲལ་དང་།།
མཐའ་བྲལ་མཐར་ཐུག་རང་བཞིན་འོད་གསལ་དང་།།
འོད་གསལ་མཐར་ཐུག་བདེ་ཆེན་སྟོན་ལ་འདུད།།

grub mtha'i mthar thug dbu ma chen po dang //
dbu ma'i mthar thug skye med mtha' bral dang //
mtha' bral mthar thug rang bzhin 'od gsal dang //
'od gsal mthar thug bde chen ston la 'dud //

The ultimate tenet is Great Middle-Way.
The ultimate Middle-Way is unborn and without extremes.
The ultimate being without extremes is natural luminosity.
The ultimate luminosity is great bliss.
I bow to you who thus teach!

ལྟ་བའི་མཐར་ཐུག་མཐའ་བྲལ་སྟོང་ཉིད་དང་།།

སྟོང་ཉིད་མཐར་ཐུག་དམིགས་བཅས་སྟོང་ཉིད་དང་།།
སྤྱོད་པའི་མཐར་ཐུག་སྙིང་རྗེ་ཆེན་པོ་དང་།།
སྙིང་རྗེའི་མཐར་ཐུག་དམིགས་མེད་སྟོན་ལ་འདུད།།

lta ba'i mthar thug mtha' bral stong nyid dang //
stong nyid mthar thug dmigs bcas stong nyid dang //
spyod pa'i mthar thug snying rje chen po dang //
snying rje'i mthar thug dmigs med ston la 'dud //

The ultimate view is emptiness free from extremes.
The ultimate emptiness is apprehensible emptiness.
The ultimate practice is great compassion.
The ultimate compassion is unconditional.
I bow to you who thus teach!

དབང་གི་མཐར་ཐུག་འཇུག་རྟེན་འདས་པའི་དབང་།།
སྒྲུབ་པའི་མཐར་ཐུག་རྫོགས་རིམ་ངེས་པའི་དོན།།
དངོས་གྲུབ་མཐར་ཐུག་མཆོག་གི་དངོས་གྲུབ་ཆེ།།
སློབ་མའི་མཐར་ཐུག་དོན་དུ་སྟོན་ལ་འདུད།།

dbang gi mthar thug 'jug rten 'das pa'i dbang //
sgrub pa'i mthar thug rdzogs rim nges pa'i don //
dngos grub mthar thug mchog gi dngos grub che //
slob ma'i mthar thug don du ston la 'dud //

The ultimate empowerment is the transcendent empowerment①.

The ultimate practice is the definitive meaning of the completion stage②.

The ultimate accomplishment is the great supreme attainment③.

I bow to you who thus teach!

དཀྱིལ་འཁོར་མཐར་ཐུག་རང་བཞིན་འོད་གསལ་མཆོག།

ལྷ་ཡི་མཐར་ཐུག་བདེ་སྟོང་ཡེ་ཤེས་སྐུ།།

ཕྱག་རྒྱའི་མཐར་ཐུག་འོད་གསལ་ཕྱག་④ རྒྱ་ཆེ།།

སྔགས་ཀྱི་མཐར་ཐུག་ཡིད་སྐྱོབ་སྟོན་ལ་འདུད།།

dkyil 'khor mthar thug rang bzhin 'od gsal mchog //

---

① "transcendent empowerment" : རྟེན་འདས་པའི་དབང (*rten 'das pa'i dbang*), which is also called the "final empowerment," "absolute empowerment" or "fourth empowerment." This empowerment is shared by all sects of Tibetan Buddhism with different names.

② "the completion stage" : རྫོགས་རིམ (*rdzogs rim*), which contrasts "creation stage."

③ "the great supreme attainment" : མཆོག་གི་དངོས་གྲུབ་ཆེ (*mchog gi dngos grub che*), Jim Valby translates it as "buddhahood."

④ ཕྱག (*phyag*): The word is spelled པྱག (*pyag*) in the Bhutan edition, and ཕྱག (*phyag*) in the 'Dzam thang and Beijing editions. See Appendix 5, p. 693, for the parallel comparison of this word among all three editions. ཕྱག་རྒྱ་ཆ (*phyag rgya che*) means "the Great Seal," while པྱག་རྒྱ་ཆ (*pyag rgya che*) does not mean anything. This translation adopts ཕྱག (*phyag*).

lha yi mthar thug bde stong ye shes sku //
phyag rgya'i mthar thug 'od gsal phyag rgya che //
sngags kyi mthar thug yid skyob ston la 'dud //

The ultimate maṇḍala is the supreme, natural luminosity.
The ultimate divinity is the body of the primordial wisdom of bliss and emptiness.
The ultimate seal is the Great Seal of luminosity.
The ultimate mantra protects the mind①**.**
I bow to you who thus teach!

གཞི་ཡི་མཐར་ཐུག་དྲི་བཅས་དེ་བཞིན་ཉིད།།
ལམ་གྱི་མཐར་ཐུག་སྦྱོར་བ་ཡན་ལག་དྲུག།
འབྲས་བུའི་མཐར་ཐུག་བྲལ་འབྲས་དེ་བཞིན་ཉིད།།
ཆོས་ཀྱི་མཐར་ཐུག་རྫོགས་པར་སྟོན་ལ་འདུད།།

gzhi yi mthar thug dri bcas de bzhin nyid //
lam gyi mthar thug sbyor ba yan lag drug //
'bras bu'i mthar thug bral 'bras de bzhin nyid //
chos kyi mthar thug rdzogs par ston la 'dud //

① "The ultimate mantra protects the mind": སྔགས་ཀྱི་མཐར་ཐུག་ཡིད་སྐྱོབ་སྟོན (*sngags kyi mthar thug yid skyob ston*), in which the original meaning of the Sanskrit word "*mantra*" is spelled out. *Man* means "the mind," and *tra* means "to protect."

The ultimate ground is defiled suchness.

The ultimate path is the Six-branch Yoga.

The ultimate result is the suchness of the separated result[1].

I bow to you who thus teach!

བསྟན་པ་སྤྱི་འགྲེལ་ཞེས་བྱ་བའི་གསོལ་འདེབས་འདི།།
ཆོས་རྗེ་བླ་མ་དམ་པ་རྣམས་ཀྱི་བྲན་དུ་གྱུར་པ།།
ཤེས་རབ་རྒྱལ་མཚན་དཔལ་བཟང་པོས་བསྡེབས་པའོ།།
དགེ་བ་འདི་ཡིས་བདག་དང་སེམས་ཅན་ཀུན།།
བྲལ་འབྲས་དོན་དམ་ཆོས་སྐུ་མངོན་གྱུར་ནས།།
བསྐྱེད་འབྲས་ཀུན་རྫོབ་གཟུགས་སྐུ་རྣམ་གཉིས་ཀྱིས།།
འཁོར་བ་སྲིད་དུ་གཞན་དོན་བྱེད་པར་ཤོག།

bstan pa spyi 'grel zhes bya ba'i gsol 'debs 'di //
chos rje bla ma dam pa rnams kyi bran du gyur pa //
shes rab rgyal mtshan dpal bzang pos bsdebs pa'o //
dge pa 'di yis bdag dang sems can kun //
bral 'bras don dam chos sku mngon gyur nas //
bskyed 'bras kun rdzob gzugs sku rnam gnyis kyis //
'khor ba srid du gzhan don byed par shog //

This supplication entitled "A General Explanation of Buddha's Teaching"

---

① "the separated result" : refers to "the result obtained by separating the impurities from the defiled suchness," i.e. "the undefiled dharmakāya."

is composed by Sherab Gyaltsen Palsangpo,
a servant of the Dharma lords, the excellent masters.

By this virtue,
may I and all sentient beings realize the separated result of the absolute dharmakāya,
and with the produced result of the two conventional form bodies,
endeavor to benefit others for the duration of cyclic existence.

ཇི་སྲིད་དེ་མ་ཐོབ་པ་དེ་སྲིད་དུ།།
འཁོར་ལོ་རིམ་གསུམ་ཁྱུད་པར་གསང་སྔགས་ཀྱིས།།
རང་གཞན་བདེ་གཤེགས་སྙིང་པོའི་དྲི་མ་རྣམས།།
རིམས་བཞིན་སྦྱོང་[1]ལ་རྟག་ཏུ་བརྩོན་པར་ཤོག།།

ji srid de ma thob pa de srid du //
'khor lo rim gsum khyud par gsang sngags kyis //
rang gzhan bde gshegs snying po'i dri ma rnams //
rims bzhin sbyong la rtag tu brtson par shog //

Until attainment is achieved,

---

[1] སྦྱོང (*sbyong*): The location of this word in the Bhutan edition is physically damaged beyond recognition, the Beijing edition is missing this part, but སྦྱོང (*sbyong*) is clearly seen in the 'Dzam thang edition. See Appendix 5, p. 694, for the parallel comparison of this word among all three editions. This translation accepts སྦྱོང (*sbyong*) from the 'Dzam thang edition.

for however long,
may I strictly follow the three Dharma wheels and secret mantra in sequence,
endeavor to purify the sugata essence in myself and others.

མངྒ་ལཾ།། བྷ་ཝན་ཏུ།།

Maṅgalaṃ bhavantu

May it be auspicious[①]!

---

① "May it be auspicious": *Maṅgalaṃ bhavantu* is found in the 'Dzam thang edition, but is missing from the Bhutan and Beijing editions.

4–3) Parallel comparison of the original Tibetan text and the English translation with the translator's annotations in Chinese

བསྟན་པ་སྤྱི་འགྲེལ།

bstan pa spyi 'grel /

A General Explanation of Buddha's Teaching

ཨོཾ་གུ་རུ་བུད་དྷ་བོ་དྷི་ས་ཏྭ་བྷྱོ་ན་མོ་ན་མཿ།།

oṃ gu ru bud dha bo dhi sa twa bhyo na mo na maḥ //
（*Oṃ gurubuddhabodhisattvabhyonamonamaḥ*）

Oṃ gurubuddhabodhisattvabhyonamonamaḥ
(Homage to the masters, Buddhas and bodhisattvas)

ཆོས་རྗེ་བླ་མ་དམ་པ་སྤྲུལ་བའི་སྐུ་རྣམས་ཀྱི་ཞབས་ཀྱི་པདྨོ་དྲི་མ་མེད་ལ་གུས་པས་ཕྱག་འཚལ་ཞིང་སྐྱབས་སུ་མཆིའོ།།
བརྩེ་བ་ཆེན་པོས་དུས་ཐམས་ཅད་དུ་རྗེས་སུ་བཟུང་དུ་གསོལ།།

chos rje bla ma dam pa sprul ba'i sku rnams kyi zhabs kyi pad+mo dri ma med la gus pas phyag 'tshal zhing skyabs su mchi'o //
brtse ba chen pos dus thams cad du rjes su bzung du gsol //

The stainless lotus-feet of the Dharma lords, the supreme

masters and the transformation body —

to which I respectfully bow down to the ground,

and at which I take refuge.

I beg for your great compassion at all times and in all places.

Please take me under your care①!

རྟག་བརྟན་གཡུང་དྲུང་ཆོས་རྗེ་རིན་པོ་ཆེ།།
འཕྲིན་ལས་མཁའ་ཁྱབ་ལྷུན་གྱིས་གྲུབ་མཛད་པ།།
འཁྲུལ་མེད་ངེས་གསང་དོན་དམ་གསལ་མཛད་པའི།།

---

① "I beg for your great compassion at all times and in all places. Please take me under your care!" བརྩེ་བ་ཆེན་པོས་དུས་ཐམས་ཅད་དུ་རྗེས་སུ་བཟུང་དུ་གསོལ།; *brtse ba chen pos dus thams cad du rjes su bzung du gsol /*）一句，斯特恩斯的英譯作 "Please grace me at all times with your great love"（一切時中賜予我大愛）。此處斯特恩斯把 རྗེས་སུ་བཟུང（*rjes su bzung*）譯作 "to grace"（賜予；加持），但 རྗེས་སུ་བཟུང（*rjes su bzung*）原意是 "to take under someone's care, care for, accepted"，意即 "納某人於羽翼下保護"，其意義更近於 "攝受、接受" 而非 "賜予"。舉例：Richard Barron 將 "*brtse bas* ***<u>rjes su bzung</u>***" 譯作 "has lovingly **<u>accepted</u>** us as disciples"，意為 "慈愛地**<u>接受</u>**我們成為弟子"（粗體及下劃線為本譯者所加）。因此，本譯者此句漢譯為 "一切時中以大慈<u>攝受</u>我" 的 "攝受" 譯法，而不採用斯特恩斯的 "to grace、賜予、加持" 譯法。另外，此句明譯為 "具大慈悲願垂攝受"，此譯法雖然漏失了本譯文和斯特恩斯英譯皆有的 "一切時" དུས་ཐམས་ཅད་དུ（*dus thams cad du*；英：everywhere, at all times；梵：*sarvatra*），但使用了與本譯者相同之 "攝受" 而非 "賜予" 的譯法。

རྟོན་པ་བཞི་ལྡན་བླ་མའི་ཞབས་ལ་འདུད།།

rtag brtan g.yung drung chos rje rin po che //
'phrin las mkha' khyab lhun gyis grub mdzad pa //
'khrul med nges gsang don dam gsal mdzad pa'i //
rton pa bzhi ldan bla ma'i zhabs la 'dud //

> **Permanent, steady, changeless, precious Dharma lords —**
> **you perform all-pervasive actions spontaneously**①**,**
> **and clarify the absolute, the non-mistaken definitive secret.**
> **I bow at the feet of the masters possessing the four reliances!**

འདུས་བྱས་ཐམས་ཅད་རི་གཟར་འབབ་ཆུ་བཞིན།།
སྤྲིན་བཞིན་སྒྲོག་བཞིན་རྩ་རྩེའི་ཟིལ་པ་བཞིན།།
མི་རྟག་མི་བརྟན་འགྱུར་བའི་ཆོས་ཅན་དུ།།
ལེགས་པར་སྟོན་མཛད་བླ་མའི་ཞབས་ལ་འདུད།།

'dus byas thams cad ri gzar 'bab chu bzhin //

---

① "perform all–pervasive actions spontaneously"（འཕྲིན་ལས་མཁའ་ཁྱབ་ལྷུན་གྱིས་གྲུབ་མཛད་པ།; *'phrin las mkha' khyab lhun gyis grub mdzad pa /*）: 斯特恩斯的英譯為"spontaneously perform all–pervading enlightened actions"; 然而, 原藏文並沒有"enlightened"（覺悟的）一字。本句說明"actions are all–pervasive"（成就為遍入）, 重點在"all"（全部、一切、無有不包）, 所以斯特恩斯自行加入的額外形容詞"enlightened"（覺悟的）, 意思變成只包括"覺悟的"部分, 排除了"非覺悟的", 邏輯上已經和本句的"全部"牴觸。

sprin bzhin glog bzhin rtsa rtse'i zil pa bzhin //
mi rtag mi brtan 'gyur ba'i chos can du //
legs par ston mdzad bla ma'i zhabs la 'dud //

All conditioned phenomena
are like a waterfall in the steep mountain,
like a cloud, like lightning,
and like dew on the tip of a blade of grass.
They are impermanent, unstable, ever-changing.
I bow down at the feet of the masters who correctly thus teach[①]**!**

མི་ཡི་འོབས་དང་སྦྲུལ་གདུག་ཁར་ཆུད་བཞིན།།
བུམ་པའི་ནང་དུ་སྦྲང་མ་འཁོར་བ་བཞིན།།
ཁམས་གསུམ་མཐའ་དག་སྡུག་བསྔལ་རང་བཞིན་དུ།།
མཚུངས་པར་སྟོན་མཛད་བླ་མའི་ཞབས་ལ་འདུད།།

---

① “correctly thus teach”：原藏文ལེགས་པར་སྟོན་མཛད（*legs par ston mdzad*）中的ལེགས་པར（*legs par*）意為“properly, correctly, 正確地”。例如ལེགས་པར་དཔྱད་པ（*legs par dpyad pa*）是“正觀察”，ལེགས་པར་འོངས་བཞིན་དུ（*legs par 'ongs bzhin du*）是“正現在前”。明譯在此作“善演”（properly demonstrate），是符合原意的。但是斯特恩斯的英譯，在此用了“carefully”（小心地、謹慎地），意義有差別。此處重點在所教授“內容的正確”，而非教學的“態度的謹慎”；也就是說，篤補巴頭面禮足的對象，是能將上述“有為法無常”的法義正確無誤演說之上師，不是小心謹慎（但是不保證內容）之上師。是故，本譯文採“correctly”。

me yi 'obs dang sbrul gdug khar chud bzhin //
bum pa'i nang du sbrang ma 'khor ba bzhin //
khams gsum mtha' dag sdug bsngal rang bzhin du //
mtshungs par ston mdzad bla ma'i zhabs la 'dud //

Like entering into a pit of fire,
like being caught by a poisonous snake,
like a bee circling inside a pot,
the entirety of the three realms is suffering by nature.
I bow at the feet of the masters who thus teach!

མི་གཙང་ལུས་ལ་གཙང་བར་འཛིན་པ་རྣམས།།
ངན་སྐྱུགས་བུམ་པ་རྒྱན་གྱིས་བརྒྱན་པ་ལ།།
མི་ཤེས་བྱིས་པ་དགའ་ཞིང་ཆགས་པ་དང་།།
མཚུངས་པར་སྟོན་མཛད་བླ་མའི་ཞབས་ལ་འདུད།།

mi gtsang lus la gtsang bar 'dzin pa rnams //
ngan skyugs bum pa rgyan gyis brgyan pa la //
mi shes byis pa dga' zhing chags pa dang //
mtshungs par ston mdzad bla ma'i zhabs la 'dud //

Clinging to the unclean body as clean,
is like enjoying and desiring a jar of vomit adorned with ornaments by ignorant children.
I bow at the feet of masters who thus teach!

འཁོར་བ་ཉིད་ལ་དགའ་བའི་སེམས་ཅན་རྣམས།།
མི་རྟག་མི་གཙང་ཡིད་འབྱུང་སྐྱོ་བསྐྱེད་ནས།།
བདག་མེད་སྟོང་པ་ཞི་བའི་ལམ་འཇུག་པ།།
བདེན་བཞི་སྟོན་མཛད་བླ་མའི་ཞབས་ལ་འདུད།།

'khor ba nyid la dga' ba'i sems can rnams //
mi rtag mi gtsang yid 'byung skyo bskyed nas //
bdag med stong pa zhi ba'i lam 'jug pa //
bden bzhi ston mdzad bla ma'i zhabs la 'dud //

Make sentient beings who are attached to the cyclic existence[①]
detached from and saddened by the impermanent and impure.
Show them the path of selfless emptiness.
I bow at the feet of the masters who teach the Four Noble Truths!

ཆོས་རྣམས་ཐམས་ཅད་རྐྱེན་ལས་བྱུང་བ་ཙམ།།
བདག་དང་སེམས་ཅན་སྲོག་དང་བྱེད་པོ་མེད།།
རྨི་ལམ་སྒྱུ་མ་སྨིག་སྒྱུ་སྒྲ་བརྙན་དང་།།
མཚུངས་པར་སྟོན་མཛད་བླ་མའི་ཞབས་ལ་འདུད།།

chos rnams thams cad rkyen las byung ba tsam //
bdag dang sems can srog dang byed po med //

---

① “cyclic existence”：藏文 འཁོར་བ（*'khor ba*）即梵文 *saṃsāra*。本英譯力求使用通俗英文，以便利一般讀者，故盡量不用梵文。斯特恩斯的英譯本使用 *saṃsāra* 一字。

rmi lam sgyu ma smig sgyu sgra snyan dang //
mtshungs par ston mdzad bla ma'i zhabs la 'dud //

All phenomena only arise from conditions,
without self, sentient beings, soul, or creator.
They are like a dream, an illusion, a mirage, or an echo.
I bow at the feet of the masters who thus teach!

དོན་སྣང་ཡང་སེམས་ཀྱི་བག་ཆགས་ཙམ།།
སེམས་དང་ཡིད་དང་རྣམ་པར་ཤེས་པ་ཡང་།།
མིང་ཙམ་བརྡ་ཙམ་མཁའ་ལྟར་སྟོང་ཉིད་དུ།།
གསལ་བར་སྟོན་མཛད་བླ་མའི་ཞབས་ལ་འདུད།།

don du snang yang sems kyi bag chags tsam //
sems dang yid dang rnam par shes pa yang //
ming tsam brda tsam mkha' ltar stong nyid du //
gsal bar ston mdzad bla ma'i zhabs la 'dud //

Objects appear to be,
but are in fact only habitual predispositions of mind.
Mind, intellect, and consciousness
are mere names, mere designations, and mere emptiness like space.
I bow at the feet of the masters who clearly thus teach!

གཟུགས་སོགས་ཕུང་པོ་དབུ་བ་གདོས་པ་དང་།།

ཆུ་ཡི་ཆུ་བུར་སྨིག་རྒྱུ་སོགས་འདྲར་སྟོན།།
སྐྱེ་མཆེད་གྲོང་སྟོང་ཁམས་རྣམས་སྦྲུལ་གདུག་དང་།།
མཚུངས་པར་སྟོན་མཛད་བླ་མའི་ཞབས་ལ་འདུད།།

gzugs sogs phung po dbu ba gdos pa dang //
chu yi chu bur smig rgyu sogs 'drar ston //
skye mched grong stong khams rnams sbrul gdug dang //
mtshungs par bla ma'i zhabs la 'dud //

The aggregates of form and so forth,
are like foam, bubbles, a mirage and so forth.
The sense spheres① are like empty cities.

---

① "sense spheres"：原藏文為 སྐྱེ་མཆེད（*skye mched*），對應梵文為"*ayatana*"，意即十二入或十二處，包括六內處和六外處，根據 Rangjung Yeshe Tibetan-English Dictionary 藏英詞典，此十二處包括"the six external sense-spheres (i.e., the six sense-spheres of forms, sounds, odors, tastes, tangible objects, and［other］phenomena) and the six internal sense-spheres (i.e., the six sense-spheres of the eye, ear, nose, tongue, body, and mental sense powers)"。藏文 སྐྱེ་མཆེད（*skye mched*）和梵文*ayatana*，在漢文經典裡譯為"入"或"處"。然而，斯特恩斯的英譯在此選用少見的"sensory bases"，此用法令人聯想到"sensory faculty"，而"sensory faculty"通常指的是"根"，對應的是梵文"*indriya*"和藏文"དབང་པོ"（*dbang po*）。藏、梵、漢文的用字，在"入/處"和"根"兩者上皆無混淆的可能性，但英文的"sense"和"sensory"則字根相同，容易混淆；若在此處用"sensory"，怕令讀者誤會為"根"之意。故本譯文採用Rangjung Yeshe Tibetan-English Dictionary藏英詞典的譯法：sense spheres。

The constituents are like poisonous snakes.

I bow at the feet of the masters who thus teach!

སྲིད་དང་མྱ་ངན་འདས་པའི་ཆོས་རྣམས་ཀུན།།
མ་སྐྱེས་མ་འགགས་འགྲོ་འོང་གནས་བྲལ་ཞིང་།།
མཐའ་དང་དབུས་མེད་རང་རང་ངོ་བོ་ཡིས།།
སྟོང་པར་སྟོན་མཛད་བླ་མའི་ཞབས་ལ་འདུད།།

srid dang mya ngan 'das pa'i chos rnams kun //
ma skyes ma 'gags 'gro 'ong gnas bral zhing //
mtha' dang dbus med rang rang ngo bo yis //
stong par ston mdzad bla ma'i zhabs la 'dud //

All the phenomena of existence and nirvāṇa are unborn and unceasing,

free from going, coming, and remaining,

without extremes or middle, each empty of its own nature.

I bow at the feet of the masters who thus teach!

བུམ་ནང་མར་མེ་དབུལ་པོའི་གཏེར་སོགས་བཞིན།།
བདེ་གཤེགས་སྙིང་པོ་འོད་གསལ་ཆོས་ཀྱི་སྐུ།།
ཀུན་རྫོབ་གློ་བུར་ཕུང་པོའི་སྦུབས་ནང་ན།།
གནས་པར་སྟོན་མཛད་བླ་མའི་ཞབས་ལ་འདུད།།

bum nang mar me dbul po'i gter sogs bzhin //

bde gshegs snying po 'od gsal chos kyi sku //
kun rdzob glo bur phung po'i spubs nang na //
gnas par ston mdzad bla ma'i zhabs la 'dud //

> **Like a lamp within a vase, the treasure of a poor man, and so forth,**
> **the sugata essence, the luminous dharmakāya,**
> **exists within the conventional, incidental aggregates.**
> **I bow at the feet of the masters who thus teach!**

ཀུན་བརྟགས་གཞན་དབང་ཆོས་ཀུན་ཡོད་མིན་ཞིང་།།
ཡོངས་གྲུབ་ཆོས་ཉིད་ནམ་ཡང་མེད་མིན་ཞེས།།
ལེགས་པར་ཕྱེ་སྟེ་ཡོད་མེད་རྟག་ཆད་ལས།།
འདས་པར་སྟོན་མཛད་བླ་མའི་ཞབས་ལ་འདུད།།

kun brtags gzhan dbang chos kun yod min zhing //
yongs grub chos nyid nam yang med min zhes //
legs par phye ste yod med rtag chad las //
'das par ston mdzad bla ma'i zhabs la 'dud //

> **All imputed and dependent phenomena are nonexistent,**
> **but the thoroughly established true nature is never nonexistent.**
> **Properly distinguish existence and nonexistence,**
> **eternalism and nihilism.**
> **I bow at the feet of the masters who teach such transcendence [beyond the two extremes]!**

ཀུན་རྫོབ་ཆོས་ཀུན་རྒྱུ་འབྲས་རྟེན་འབྲེལ་ཙམ།།
དོན་དམ་རང་བྱུང་རྟེན་འབྲེལ་ལས་འདས་ཞེས།།
རྐྱེན་ལས་བྱུང་དང་རང་བྱུང་ཡེ་ཤེས་ཀྱི།།
ཁྱད་པར་སྟོན་མཛད་བླ་མའི་ཞབས་ལ་འདུད།།

kun rdzob chos kun rgyu 'bras rten 'brel tsam //
don dam rang byung rten 'brel las 'das zhes //
rkyen las byung dang rang byung ye shes kyi //
khyad par ston mdzad bla ma'i zhabs la 'dud //

All conventional phenomena
are merely the dependent origination of cause and result,
but the self-existent absolute transcends dependent arising.
Distinguish what arises from conditions
and what is self-existent primordial wisdom①**.**

---

① "Distinguish what arises from conditions and what is self-existent primordial wisdom"：རྐྱེན་ལས་བྱུང་དང་རང་བྱུང་ཡེ་ཤེས（*rkyen las byung dang rang byung ye shes*），即"分別緣起法和自在本覺間的差異"。這裡要分辨的兩個對象，一是"རྐྱེན་ལས་བྱུང"（*rkyen las byung*），即"what arises from conditions"（緣起法、緣生），二是"རང་བྱུང་ཡེ་ཤེས"（*rang byung ye shes*），即"what is self-existent primordial wisdom"（自在本覺、自然智）。然而斯特恩斯的英譯為"teaching the difference between primordial awareness that arises from conditions, and what is self-arisen"，將兩個分別對象列為"primordial awareness that arises from conditions"（緣起本覺）和"what is

I bow at the feet of the masters who thus teach!

ཕྱི་ནང་ཆོས་ཀུན་མ་རིག་འཁྲུལ་འཁོར་ཙམ།།
གཞན་ནི་ཆོས་ཉིད་རང་བྱུང་ཡེ་ཤེས་ཞེས།།
རྣམ་ཤེས་ཡེ་ཤེས་འཁོར་འདས་བདེན་གཉིས་ཀྱི།།
རྣམ་དབྱེ་སྟོན་མཛད་བླ་མའི་ཞབས་ལ་འདུད།།

phyi nang chos kun ma rig 'khrul 'khor tsam //
gzhan ni chos nyid rang byung ye shes zhes //
rnam shes ye shes 'khor 'das bden gnyis kyi //
rnam dbye ston mdzad bla ma'i zhabs la 'dud //

All outer and inner phenomena
are only the vicious circle of confusing ignorance,
but the other is dharma nature,
self-existent primordial wisdom.
Differentiate between consciousness and primordial wisdom,
cyclic existence and nirvāṇa, and the two truths.
I bow at the feet of the masters who thus teach!

---

self-arisen”（本來自在），把“primordial awareness”（本覺）從“self-arisen”（本來自在）所形容的對象，變成了“arises from conditions”（緣起）所形容的對象。本譯者認為斯特恩斯此譯不但是誤解了篤補巴使用（རང་བྱུང་ཡེ་ཤེས; *rang byung ye shes*）“自在本覺、自然智”一詞的意思，甚至是與篤補巴想說的意思相反。

ཀུན་རྫོབ་སྲིད་གསུམ་འཁྲུལ་སྣང་སྒྲོ་བཏགས་ཙམ།།
དོན་དམ་སྲིད་གསུམ་བདེ་གཤེགས་སྙིང་པོ་ནི།།
གཞོམ་མེད་མ་བརྟགས་མ་འཁྲུལ་སྣང་བ་ཞེས།།
ཕྱེ་སྟེ་སྟོན་མཛད་བླ་མའི་ཞབས་ལ་འདུད།།

kun rdzob srid gsum'khrul snang sgro btags tsam //
don dam srid gsum bde gshegs snying po ni //
gzhom med ma brtags ma 'khrul snang ba zhes //
phye ste ston mdzad bla ma'i zhabs la 'dud //

> **The conventional three realms are only a confusing, exaggerated appearance,**
> **while the absolute three realms, the sugata essence,**
> **are an unbreakable, unimagined, unconfusing appearance.**
> **I bow at the feet of the masters who thus teach!**

བདེན་པ་བཞི་ཡི་ཆོས་ཀྱི་འཁོར་ལོ་དང་།།
མཚན་ཉིད་མེད་པའི་ཆོས་ཀྱི་འཁོར་ལོ་དང་།།
དོན་དམ་རྣམ་ངེས་ཆོས་ཀྱི་འཁོར་ལོ་ཡི།།
དགོངས་པ་སྟོན་མཛད་བླ་མའི་ཞབས་ལ་འདུད།།

bden pa bzhi yi chos kyi 'khor lo dang //
mtshan nyid med pa'i chos kyi 'khor lo dang //
don dam rnam nges chos kyi 'khor lo yi //
dgongs pa ston mdzad bla ma'i zhabs la 'dud //

The Dharma wheel of the Four Noble Truths,

the Dharma wheel of no characteristics,

and the Dharma wheel of ascertainment of the absolute.

I bow at the feet of the masters who teach the intentions of these!

འཁོར་ལོ་རིམ་གསུམ་བདུད་རྩིའི་ཆུ་རྒྱུན་གྱིས།།

རགས་པ་ཕྲ་བ་ཤིན་ཏུ་ཕྲ་བ་ཡི།།

དྲི་མ་གསུམ་སྦྱངས་ཆོས་སྐུའི་རང་བཞིན་མཆོག།།

དྲི་བྲལ་ཐོབ་མཛད་བླ་མའི་ཞབས་ལ་འདུད།།

'khor lo rim gsum bdud rtsi'i chu rgyun gyis //

rags pa phra ba shin tu phra ba yi //

dri ma gsum sbyangs chos sku'i rang bzhin mchog //

dri bral thob mdzad bla ma'i zhabs la 'dud //

With the nectar stream of the three Dharma wheels in sequence,

clean the three coarse, subtle, and extremely subtle impurities,

so the self-existent supreme dharmakāya,

free from impurity, is obtained.

I bow at the feet of the masters who perform such act!

དོན་སྨྲ་རྣམས་ལ་ཐམས་ཅད་སེམས་སུ་སྟོན།།

སེམས་སུ་ཞེན་ལ་སྣང་མེད་དབུ་མ་སྟོན།།

སྣང་མེད་སྨྲ་ལ་ཡང་དག་སྣང་བ་ཡི།།

དབུ་མ་སྟོན་མཛད་བླ་མའི་ཞབས་ལ་འདུད།།

don smra rnams la thams cad sems su ston //
sems su zhen la snang med dbu ma ston //
snang med sma la yang dag snang ba yi //
dbu ma ston mdzad bla ma'i zhabs la 'dud //

Teach that external objects are mind-only.
Teach those who cling to the mind the Middle-Way of no appearance.
Teach those who have accepted no appearance the Middle-Way of reality.
I bow at the feet of the masters who thus teach!

དམན་པ་རྣམས་ལ་རྒྱུ་འབྲས་ཆོས་རྣམས་སྟོན།།
ཡོད་འཛིན་ཅན་ལ་ཐམས་ཅད་སྟོང་པར་སྟོན།།
ཅང་མེད་སྨྲ་ལ་འོད་གསལ་བདེ་གཤེགས་ཀྱི།།
སྙིང་པོ་སྟོན་མཛད་བླ་མའི་ཞབས་ལ་འདུད།།

dman pa rnams la rgyu 'bras chos rnams ston //
yod 'dzin can la thams cad stong par ston //
cang med smra la 'od gsal bde gshegs kyi //
snying po ston mdzad bla ma'i zhabs la 'dud //

Teach the inferior the Dharma of cause and result.
Teach those who cling to existence that everything is empty.

Teach those who accept emptiness[①] the luminous sugata essence.

I bow at the feet of the masters who thus teach!

དབང་པོ་དམན་ལ་ཉན་ཐོས་ཐེག་པ་དང་།།

དབང་པོ་འབྲིང་ལ་རང་རྒྱལ་ཐེག་པ་དང་།།

མཆོག་ལ་ཐེག་མཆོག་རྒྱུ་དང་འབྲས་བུའི་ཚུལ།།

མདོ་སྔགས་སྟོན་མཛད་བླ་མའི་ཞབས་ལ་འདུད།།

dbang po dman la nyan thos theg pa dang //

dbang po 'bring la rang rgyal theg pa dang //

mchog la theg mchog rgyu dang 'bras bu'i tshul //

mdo sngags ston mdzad bla ma'i zhabs la 'dud //

Teach those of inferior faculties the Vehicle of Hearer.

Teach those of middling faculties the Vehicle of Solitary-realizer.

Teach the superior the sutra and mantra styles of cause and result in the supreme vehicle.

I bow at the feet of the masters who thus teach!

---

① “those who accept emptiness”：斯特恩斯此處翻譯為 “those who accept nothing”，此種譯法會造成兩種可能的解釋：一種是 “那些接受空的人”，另一種是 “那些什麼都不接受的人”。第二種解釋自然不是篤補巴的原意。本譯文採用的 “those who accept emptiness” 則没有第二種解釋的可能性。

ཇི་ལྟར་བུ་ཆུང་གཞོན་ནུ་ལང་ཚོ་རྣམས།།
སྣོད་དང་འཚམ་པར་ཕ་མས་སྐྱོང་བ་ལྟར།།
འཁོར་ལོ་རིམ་གསུམ་ཁྱད་པར་གསང་སྔགས་ཀྱི།།
གདུལ་བྱ་རིམ་བཞིན་སྐྱོང་མཛད་ཁྱོད་ལ་འདུད།།

ji ltarbu chung gzhon nu lang tsho rnams //
snod dang 'tsham par pha mas skyong ba ltar //
'khor lo rim gsum khyad par gsang sngags kyi //
gdul bya rim bzhin skyong mdzad khyod la 'dud //

Like parents protecting infants, adolescents, and young adults according to their development,
the three Dharma wheels, particularly the secret mantra,
are taught to disciples in sequence.
I bow to you who thus practice!

ཡང་ན་དམན་པ་འབྲིང་དང་མཆོག་གི་བུ།།
རྒྱུད་དང་འཚམ་པའི་ལས་ལ་སྦྱོར་བ་ལྟར།།
འཁོར་ལོ་རིམ་གསུམ་ཁྱད་པར་སྔགས་ཀྱི་ཚུལ།།
གདུལ་བྱའི་རྒྱུད་དང་འཚམ་པར་སྟོན་ལ་འདུད།།

yang na dman pa 'bring dang mchog gi bu //
rgyud dang 'tsham pa'i las la sbyor ba ltar //
'khor lo rim gsum khyad par sngags kyi tshul //

gdul bya'i rgyud dang 'tsham par ston la 'dud //

Moreover, like assigning appropriate activities to an inferior, middling, or superior disciple,
teach the three Dharma wheels,
especially in the form of mantras, in sequence.
I bow to you who appropriately teach tantras to the trainable!

ཁང་བཟང་སུམ་བརྩེགས་སྟེང་དུ་འཛེགས་པ་ལྟར།།
འཁོར་ལོ་རིམ་གསུམ་ཁྱད་པར་གསང་སྔགས་ཀྱི།།
སངས་རྒྱས་བསྟན་པའི་ཁང་བཟང་སུམ་བརྩེགས་ལ།།
རིམ་བཞིན་འཛེགས་པར་སྟོན་མཛད་ཁྱོད་ལ་འདུད།།

khang bzang sum brtsegs steng du 'dzegs pa ltar //
'khor lo rim gsum khyad par gsang sngags kyi //
sangs rgyas bstan pa'i khang bzang sum brtsegs la //
rim bzhin 'dzegs par ston mdzad khyod la 'dud //

Like climbing to the top of a three-storied palace,
the three-storied palace of the three Buddhist Dharma wheels,
particularly the secret mantra,
is to be climbed in sequence.
I bow to you who thus teach!

ཇི་ལྟར་ནོར་བུ་མཁན་གྱིས་ནོར་བུ་ཡི།།
དྲི་མ་རིམ་གསུམ་རིམ་བཞིན་སྦྱོང་བ་ལྟར།།
འཁོར་ལོ་རིམ་གསུམ་ཁྱད་པར་གསང་སྔགས་ཀྱིས།།

བདེ་གཤེགས་སྙིང་པོ་སྦྱོང་བར་སྟོན་ལ་འདུད།།

ji ltar nor bu mkhan gyis nor bu yi //
dri ma rim gsum rim bzhin sbyong ba ltar //
'khor lo rim gsum khyad par gsang sngags kyis //
bde gshegs snying po sbyong bar ston la 'dud //

Like the jewelers removing the three layers of stain on a jewel,
purify the sugata essence by the three Dharma wheels,
in sequence, particularly by secret mantra.
I bow to you who thus teach!

བདེ་གཤེགས་སྙིང་པོ་རྒྱུ་དང་འབྲས་བུ་གཞན།།
རྒྱུ་གཞན་འོད་གསལ་སྟོང་ཉིད་གཟུགས་བརྙན་ཏེ།།
འབྲས་བུ་གཞན་ནི་འགྱུར་མེད་བདེ་བ་ཆེ།།
པྲ་ཕབ་བརྒྱད་དང་མཚུངས་པར་སྟོན་ལ་འདུད།།

bde gshegs snying po rgyu dang 'bras bu gzhan //
rgyu gzhan 'od gsal stong nyid gzugs brnyan te //
'bras bu gzhan ni 'gyur med bde ba che //
pra phab brgyad dang mtshungs par ston la 'dud //

The sugata essence has other cause and result.
The other cause is the image of luminous emptiness.
The other result is changeless great bliss,
resembling the eight prognostic images.

I bow to you who thus teach!

གསང་བ་གསང་ཆེན་མཁའ་ཁམས་སྣ་ཚོགས་ཡུམ།།
ཆོས་འབྱུང་ཆུ་སྐྱེས་བྷ་ག་སེང་གེའི་ཁྲི།།
བདག་མེད་ཕག་མོ་ལ་སོགས་སྣ་ཚོགས་མིང་།།
དུ་མ་དོན་གཅིག་སྟོང་ཉིད་སྟོན་ལ་འདུད།།

gsang ba gsang chen mkha' khams sna tshogs yum //
chos 'byung chu skyes bha ga seng ge'i khri //
bdag med phag mo la sogs sna tshogs ming //
du ma don gcig stong nyid ston la 'dud //

Secret, Great Secret, Element of Space, Viśvamātā,
Source of Phenomena, Lotus, Bhaga, Lion Throne,
Nairātmyā, Varāhī, and so forth,
those many various names have one meaning — emptiness.
I bow to you who thus teach!

དེ་ཉིད་རྡོ་རྗེ་ཐིག་ལེ་ཧེ་རུ་ཀ།།
འདུས་པ་སྡོམ་པ་ཀྱེ་དང་སྙིང་རྗེ་ཆེ།།
དང་པོའི་སངས་རྒྱས་བྱང་ཆུབ་སེམས་སོགས་མིང་།།
དུ་མ་དོན་གཅིག་བདེ་ཆེན་སྟོན་ལ་འདུད།།

de nyid rdo rje thig le he ru ka //

'dus pa sdom pa he dang snying rje che //
dang po'i sangs rgyas byang chub sems sogs ming //
du ma don gcig bde chen ston la 'dud //

Like Vajra, Drop, Heruka, and Gathering,
Restraint, He, Great Compassion,
Primordial Buddha, and Enlightenment Mind,
all these various names have the identical meaning — great bliss.
I bow to you who thus teach!

རྡོ་རྗེ་སེམས་དཔའ་ཨེ་ཝཾ་དུས་འཁོར་ལོ།།
འཁོར་ལོ་སྡོམ་པ་དགྱེས་པ་རྡོ་རྗེ་དང་།།
སྒྱུ་འཕྲུལ་དྲྭ་བ་གསང་འདུས་ལ་སོགས་མིང་།།
དུ་མ་དོན་གཅིག་ཟུང་འཇུག་སྟོན་ལ་འདུད།།

rdo rje sems dpa' e wam dus 'khor lo //
'khor lo sdom pa dgyes pa rdo rje dang //
sgyu 'phrul drwa ba gsang 'dus la sogs ming //
du ma don gcig zung 'jug ston la 'dud //

Vajrasattva, Evaṃ, Kālacakra, Cakrasaṃvara,
Hevajra, Māyājāla, and Guhyasamāja and so forth,
all these various names have one identical meaning — union.
I bow to you who thus teach!

ཟུང་འཇུག་དབྱེར་མེད་རོ་མཉམ་མི་ཞིགས་པ།།

རང་བྱུང་ཡེ་ཤེས་དང་པོའི་སངས་རྒྱས་ནི།།
དྲི་བཅས་དེ་བཞིན་ཉིད་དུ་ཐམས་ཅད་ལ།།
མཁའ་བཞིན་ཀུན་གཞིར་ཡོད་པར་སྟོན་ལ་འདུད།།

zung 'jug dbyer med ro mnyam mi shigs pa //
rang byung ye shes dang po'i sangs rgyas ni //
dri bcas de bzhin nyid du thams cad la //
mkha' bzhin kun gzhir yod par ston la 'dud //

Union, indivisible, equal-flavored, indestructible,
self-existent primordial wisdom, the Primordial Buddha,
is defiled suchness, present in all,
like the sky, existing as the ālayavijñāna.
I bow to you who thus teach!

དེ་ཉིད་དྲི་མའི་སྦུབས་ལས་གྲོལ་བའི་ཐབས།།
རྡོ་རྗེའི་རྣལ་འབྱོར་ཤེས་རབ་ཕ་རོལ་ཕྱིན།།
ཤིན་ཏུ་རྣལ་འབྱོར་ཕྱག་རྒྱ་ཆེ་སྒོམས་པ།།
ཡན་ལག་དང་བཅས་ལམ་དུ་སྟོན་ལ་འདུད།།

de nyid dri ma'i sbubs las grol grol ba'i thabs //
rdo rje'i rnal 'byor shes shes rab pha rol phyin //
shin tu rnal 'byor phyag rgya che sgoms pa //
yan lag dang bcas dang bcas lam du ston la 'dud //

This is exactly the expediency
for freeing from the defilement —

by Vajrayoga, the Perfection of Wisdom, the Atiyoga,
and the meditation of the Great Seal with its branches as the path.
I bow to you who thus teach!

གཞི་ལ་བཞུགས་པ་ལམ་གྱི་ཐབས་མཆོག་གིས།།
སྤྲིན་དང་རྡུལ་སོགས་དངས་བའི་ནམ་མཁའ་བཞིན།།
དྲི་མ་ཀུན་སྤངས་དྲི་མེད་དེ་བཞིན་ཉིད།།
མངོན་དུ་གྱུར་ཙམ་འབྲས་བུར་སྟོན་ལ་འདུད།།

gzhi la bzhugs pa lam gyi thabs mchog gis //
sprin dang rdul sogs dangs ba'i nam mkha' bzhin //
dri ma kun spangs dri med de bzhin nyid //
mngon du gyur tsam 'bras bur ston la 'dud //

The supreme method already resides in the cause ground,
just like the sky free from clouds, dust and so forth.
Realizing the undefiled suchness with all impurities removed
is only a result[①]**.**
I bow to you who thus teach!

---

① 第一句 “The supreme method already resides in the cause ground”（因中本存勝妙道）和第三句 “Realizing the undefiled suchness with all impurities removed is only a result”（實證染污盡除之無垢真如不過是果），在斯特恩斯的英譯中為 “by the sublime method of the path, what is present as the ground is merely actualized as the result, a stainless thusness with all stains removed”，變成 “藉著勝妙道，示現為基者只是被實證為果；此果即染污盡除之無垢真如”，其中 “因中本存” 的意思消失。

འགྱུར་མེད་འོད་གསལ་རྣམ་པར་མི་རྟོག་པའི།།
ཡེ་ཤེས་ཚོགས་ཀྱིས་རང་བྱུང་ཡེ་ཤེས་ཀྱི།།
དྲི་མའི་སྦུབས་བཅོམ་དོན་དམ་ཆོས་སྐུ་ཡིས།།
རང་དོན་ཕུན་ཚོགས་གྲུབ་པར་སྟོན་ལ་འདུད།།

'gyur med 'od gsal rnam par mi rtog pa'i //
ye shes tshogs kyis rang byung ye shes kyi //
dri ma'i sbubs bcom don dam chos sku yis //
rang don phun tshogs grub par ston la 'dud //

> **Unchanging luminosity is nonconceptual.**
> **Collection of wisdom destroys the defilement on self-existent primordial wisdom[①].**

---

① "Unchanging luminosity is nonconceptual. Collection of wisdom destroys the defilement on self-existent primordial wisdom"：這裡有兩句，第一句是"Unchanging luminosity is nonconceptual"，是先說明"不變明光"（unchanging luminosity）的性質是"無分別"（nonconceptual），如同"無分別智"（nonconceptual awareness, nondiscriminating wisdom）；第二句是"Collection of wisdom destroys the defilement on self-existent primordial wisdom"，也就是更深入說明"累積具足智慧可以摧毀自在本覺上面的染污"。斯特恩斯的英譯此處將兩句合併為一句"the assembly of the nonconceptual primordial awareness of immutable luminosity destroys the sheath of stains on self-arisen primordial awareness"，變得比原文拗口，而且第一句的意義變成隱含而非如同原文之點明。

The absolute dharmakāya accomplishes sublime benefit for oneself.
I bow to you who thus teach!

མ་རྟོགས་འགྲོ་ལ་བརྩེ་ཆེན་ལྷག་བསམ་གྱིས།།
ཕན་དང་བདེ་སྒྲུབ་བསོད་ནམས་ཚོགས་ཀྱིས་ནི།།
ཀུན་རྫོབ་གཟུགས་སྐུ་ཕུན་ཚོགས་རབ་བསྐྱེད་ནས།།
གཞན་དོན་ཕུན་ཚོགས་གྲུབ་པར་སྟོན་ལ་འདུད།།

ma rtogs 'gro la brtse chen lhag bsam gyis //
phan dang bde sgrub bsod nams tshogs kyis ni //
kun rdzob gzugs sku phun tshogs rab bskyed nas //
gzhan don phun tshogs grub par ston la 'dud //

Superior intent of great compassion arises toward the ignorant,
creates the assembly of merit that achieves benefit and bliss,
produces the perfect conventional Form Body,
and accomplishes perfect benefit for others.
I bow to you who thus teach!

སྨོན་ལམ་རྒྱ་མཚོ་ཡོངས་སུ་རྫོགས་པ་དང་།།
སེམས་ཅན་རྒྱ་མཚོ་ཡོངས་སུ་སྨིན་པ་དང་།།
ཞིང་ཁམས་རྒྱ་མཚོ་ཡོངས་སུ་དག་བྱས་ནས།།
ཡང་དག་མཐའ་ལ་ཐིམ་པར་སྟོན་ལ་འདུད།།

smon lam rgya mtsho yongs su rdzogs pa dang //
sems can rgya mtsho yongs su smin pa dang //

zhing khams rgya mtsho yongs su dag byas nas //
yang dag mtha' la thim par ston la 'dud //

> **After completely perfecting an ocean of prayers,**
> **completely maturing an ocean of sentient beings,**
> **and completely purifying an ocean of pure lands,**
> **one dissolves into the apex of reality[①].**
> **I bow to you who thus teach!**

བུམ་བཟང་ཉི་མ་ནོར་བུ་དཔག་བསམ་ཤིང་།།
ལྷ་ཡི་རྔ་བཞིན་མི་འབད་མི་རྟོག་ཀྱང་།།
སྔོན་གྱི་འཕེན་པས་གཞན་ཕན་ལྷུན་གྲུབ་ཏུ།།
ཕྱོགས་དུས་ཀུན་ཏུ་འབྱུང་བར་སྟོན་ལ་འདུད།།

bum bzang nyi ma nor bu dpag bsam shing //
lha yi rnga bzhin mi 'bad mi rtog kyang //
sngon gyi 'phen pas gzhan phan lhun grub tu //
phyogs dus kun tu 'byung bar ston la 'dud //

> **Like the magical vase, the sun, the jewel, the wish-fulfilling tree,**

---

① “apex of reality”：此處斯特恩斯作 “culmination of perfection”，原藏文為 ཡང་དག་མཐའ (*yang dag mtha'*)，ཡང་དག (*yang dag*) 是 “real, authentic, correct”（真實、真相、實相），མཐའ (*mtha'*) 是 “limit, boundary”（邊、際），ཡང་དག་མཐའ (*yang dag mtha'*) 就是 “apex of reality”（實際）。這個 “實際” 或 “實相之巔”，雖然也能延伸出 “perfection”（完美）的意思，但是本譯者以忠於原文為最高宗旨，故採用最直接的譯法。

and the heavenly drum,
because of prior directive force,
benefit to others will spontaneously occur everywhere and all the time,
even without exertion or thought.
I bow to you who thus teach!

ཆོས་འཁོར་མཐར་ཐུག་འཁོར་ལོ་ཐ་མ་ལ།།
ཐེག་པའི་མཐར་ཐུག་ཐེག་པ་ཆེན་པོ་དང་།།
ཐེག་ཆེན་མཐར་ཐུག་སྙིང་པོའི་ཐེག་པ་དང་།།
སྙིང་པོའི་མཐར་ཐུག་བདེ་ཆེན་སྟོན་ལ་འདུད།།

chos 'khor mthar thug 'khor lo tha ma la //
theg pa'i mthar thug theg pa chen po dang //
theg chen mthar thug snying po'i theg pa dang //
snying po'i mthar thug bde chen ston la 'dud //

The ultimate Dharma wheel is the final wheel.
The ultimate vehicle is the Great Vehicle.
The ultimate Great Vehicle is the Vehicle of the essence.
The ultimate essence is great bliss.
I bow to you who thus teach!

བསྟན་པའི་མཐར་ཐུག་ཐེག་པ་ཆེན་པོ་དང་།།
ཐེག་ཆེན་མཐར་ཐུག་སྔགས་ཀྱི་ཐེག་པ་དང་།།

སྔགས་ཀྱི་མཐར་ཐུག་དུས་ཀྱི་འཁོར་ལོ་དང་།།
དུས་འཁོར་མཐར་ཐུག་བདེ་སྟོང་སྟོན་ལ་འདུད།།

bstan pa'i mthar thug theg pa chen po dang //
theg chen mthar thug sngags kyi theg pa dang //
sngags kyi mthar thug dus kyi 'khor lo dang //
dus 'khor mthar thug bde stong ston la 'dud //

> **The ultimate doctrine is the Great Vehicle.**
> **The ultimate Great Vehicle is the Vehicle of Mantra.**
> **The ultimate mantra is Kālacakra.**
> **The ultimate Kālacakra is bliss and emptiness.**
> **I bow to you who thus teach!**

གྲུབ་མཐའི་མཐར་ཐུག་དབུ་མ་ཆེན་པོ་དང་།།
དབུ་མའི་མཐར་ཐུག་སྐྱེ་མེད་མཐའ་བྲལ་དང་།།
མཐའ་བྲལ་མཐར་ཐུག་རང་བཞིན་འོད་གསལ་དང་།།
འོད་གསལ་མཐར་ཐུག་བདེ་ཆེན་སྟོན་ལ་འདུད།།

grub mtha'i mthar thug dbu ma chen po dang //
dbu ma'i mthar thug skye med mtha' bral dang //
mtha' bral mthar thug rang bzhin 'od gsal dang //
'od gsal mthar thug bde chen ston la 'dud //

> **The ultimate tenet is Great Middle-Way.**
> **The ultimate Middle-Way is unborn and without extremes.**
> **The ultimate being without extremes is natural luminosity.**

The ultimate luminosity is great bliss.

I bow to you who thus teach!

ལྟ་བའི་མཐར་ཐུག་མཐའ་བྲལ་སྟོང་ཉིད་དང་།།

སྟོང་ཉིད་མཐར་ཐུག་དམིགས་བཅས་སྟོང་ཉིད་དང་།།

སྤྱོད་པའི་མཐར་ཐུག་སྙིང་རྗེ་ཆེན་པོ་དང་།།

སྙིང་རྗེའི་མཐར་ཐུག་དམིགས་མེད་སྟོན་ལ་འདུད།།

lta ba'i mthar thug mtha' bral stong nyid dang //

stong nyid mthar thug dmigs bcas stong nyid dang //

spyod pa'i mthar thug snying rje chen po dang //

snying rje'i mthar thug dmigs med ston la 'dud //

The ultimate view is emptiness free from extremes.

The ultimate emptiness is apprehensible emptiness.

The ultimate practice is great compassion.

The ultimate compassion is unconditional.

I bow to you who thus teach!

དབང་གི་མཐར་ཐུག་འཇུག་རྟེན་འདས་པའི་དབང་།།

སྒྲུབ་པའི་མཐར་ཐུག་རྫོགས་རིམ་ངེས་པའི་དོན།།

དངོས་གྲུབ་མཐར་ཐུག་མཆོག་གི་དངོས་གྲུབ་ཆེ།།

སློབ་མའི་མཐར་ཐུག་དོན་དུ་སྟོན་ལ་འདུད།།

dbang gi mthar thug 'jug rten 'das pa'i dbang //

sgrub pa'i mthar thug rdzogs rim nges pa'i don //
dngos grub mthar thug mchog gi dngos grub che //
slob ma'i mthar thug don du ston la 'dud //

The ultimate empowerment is the transcendent empowerment.
The ultimate practice is the definitive meaning of the completion stage.
The ultimate accomplishment is the great supreme attainment.
I bow to you who thus teach!

དཀྱིལ་འཁོར་མཐར་ཐུག་རང་བཞིན་འོད་གསལ་མཆོག།
ལྷ་ཡི་མཐར་ཐུག་བདེ་སྟོང་ཡེ་ཤེས་སྐུ།།
ཕྱག་རྒྱའི་མཐར་ཐུག་འོད་གསལ་ཕྱག་རྒྱ་ཆེ།།
སྔགས་ཀྱི་མཐར་ཐུག་ཡིད་སྐྱོབ་སྟོན་ལ་འདུད།།

dkyil 'khor mthar thug rang bzhin 'od gsal mchog //
lha yi mthar thug bde stong ye shes sku //
phyag rgya'i mthar thug 'od gsal phyag rgya che //
sngags kyi mthar thug yid skyob ston la 'dud //

The ultimate maṇdala is the supreme, natural luminosity.
The ultimate divinity is the body of the primordial wisdom of bliss and emptiness.
The ultimate seal is the Great Seal of luminosity.
The ultimate mantra protects the mind.
I bow to you who thus teach!

གཞི་ཡི་མཐར་ཐུག་དྲི་བཅས་དེ་བཞིན་ཉིད།།
ལམ་གྱི་མཐར་ཐུག་སྦྱོར་བ་ཡན་ལག་དྲུག།
འབྲས་བུའི་མཐར་ཐུག་བྲལ་འབྲས་དེ་བཞིན་ཉིད།།
ཆོས་ཀྱི་མཐར་ཐུག་རྫོགས་པར་སྟོན་ལ་འདུད།།

gzhi yi mthar thug dri bcas de bzhin nyid //
lam gyi mthar thug sbyor ba yan lag drug //
'bras bu'i mthar thug bral 'bras de bzhin nyid //
chos kyi mthar thug rdzogs par ston la 'dud //

The ultimate ground is defiled suchness[1]**.**
The ultimate path is the Six-branch Yoga.
The ultimate result is the suchness of the separated result.
I bow to you who thus teach!

---

① “The ultimate ground is defiled suchness”：斯特恩斯的英譯在此為“the complete, ultimate Dharma of the ultimate ground is thusness with stains”，和藏文原意有出入。這句原意是“究竟的根基就是有垢真如”（གཞི་ཡི་མཐར་ཐུག་དྲི་བཅས་དེ་བཞིན་ཉིད།; *gzhi yi mthar thug dri bcas de bzhin nyid /*），斯特恩斯的英譯變成“究竟根基的完整究竟的法是有垢真如”，多出“完整究竟的法”，是藏文所無，為斯特恩斯自行加入。事實上，這裡不是說究竟根基的“某種法”是有垢真如，而是究竟根基“本身就是”有垢真如，所以加上“完整究竟的法”，並沒有令文意更清楚，而是不符原意。明譯此句為“因之最極垢真如”，也沒有斯特恩斯多加的意思。

བསྟན་པ་སྤྱི་འགྲེལ་ཞེས་བྱ་བའི་གསོལ་འདེབས་འདི།།
ཆོས་རྗེ་བླ་མ་དམ་པ་རྣམས་ཀྱི་བྲན་དུ་གྱུར་པ།།
ཤེས་རབ་རྒྱལ་མཚན་དཔལ་བཟང་པོས་བསྡེབས་པའོ།།

དགེ་བ་འདི་ཡིས་བདག་དང་སེམས་ཅན་ཀུན།།
བྲལ་འབྲས་དོན་དམ་ཆོས་སྐུ་མངོན་གྱུར་ནས།།
བསྐྱེད་འབྲས་ཀུན་རྫོབ་གཟུགས་སྐུ་རྣམ་གཉིས་ཀྱིས།།
འཁོར་བ་སྲིད་དུ་གཞན་དོན་བྱེད་པར་ཤོག།

bstan pa spyi 'grel zhes bya ba'i gsol 'debs 'di //
chos rje bla ma dam pa rnams kyi bran du gyur pa //
shes rab rgyal mtshan dpal bzang pos bsdebs pa'o //

dge pa 'di yis bdag dang sems can kun //
bral 'bras don dam chos sku mngon gyur nas //
bskyed 'bras kun rdzob gzugs sku rnam gnyis kyis //
'khor ba srid du gzhan don byed par shog //

This supplication entitled "A General Explanation of Buddha's Teaching"
is composed by Sherab Gyaltsen Palsangpo,
a servant of the Dharma lords, the excellent masters.

By this virtue,
may I and all sentient beings realize the separated result of the absolute dharmakāya,
and with the produced result of the two conventional form

bodies,

endeavor to benefit others for the duration of cyclic existence.

ཇི་སྲིད་དེ་མ་ཐོབ་པ་དེ་སྲིད་དུ།།

འཁོར་ལོ་རིམ་གསུམ་ཁྱུད་པར་གསང་སྔགས་ཀྱིས།།

རང་གཞན་བདེ་གཤེགས་སྙིང་པོའི་དྲི་མ་རྣམས།།

རིམས་བཞིན་སྦྱོང་ལ་རྟག་ཏུ་བརྩོན་པར་ཤོག།

ji srid de ma thob pa de srid du //

'khor lo rim gsum khyud par gsang sngags kyis //

rang gzhan bde gshegs snying po'i dri ma rnams //

rims bzhin sbyong la rtag tu brtson par shog //

Until attainment is achieved,

for however long,

may I strictly follow the three Dharma wheels and secret mantra in sequence,

endeavor to purify the sugata essence in myself and others.

མངྒ་ལཾ།། བྷ་ཝན་ཏུ།།

Maṅgalaṃ bhavantu

May it be auspicious!

5. 附錄一：參考書目

經續資料

Lalitavistara：《方廣大莊嚴經》, 中天竺國沙門地婆訶羅譯。

Mahāyāna-sūtrālamkāra-kārikā：《大乘莊嚴經論》, 大唐天竺三藏波羅頗蜜多羅譯。

Mūlamadhyamakakārikā：《中論》, 姚秦三藏鳩摩羅什譯。

Ratnagotra-vibhāgo Mahāyānottaratantra-śāstra：《究竟一乘寶性論》, 後魏中印度三藏勒那摩提譯。

《準提佛母七俱胝獨部法》, 唐・善無畏譯。

藏文資料

དོལ་པོ་པ་ཤེས་རབ་རྒྱལ་མཚན་དཔལ་བཟང་པོ (Dol po pa Shes rab rgyal mtshan dpal bzang po) 篤補巴·喜饒·堅贊·帕桑波：

—(around 1990's) ཆོས་དབྱིངས་བདེ་བ་ཆེན་པོའི་འཛའ་ས (chos dbyings bde ba chen po'i 'ja' sa)《法界大樂主教言》Collected Works by Dolpopa Sherab Gyaltsen (1292-1361) one of the most influential scholars of 14th century Tibet and a seminal author of the Jonang Buddhist order. Collection was printed in 'Dzam thang and includes many of his works on zhentong and the Kalachakra. 'Dzam thang, Tibet: Block Print.

—(2002) བསྟན་པ་སྤྱི་འགྲེལ (bstan pa spyi 'grel) Select writings by Jonang authors on various rituals, liturgies, and short practice texts used in

Jonang monasteries. Compiled and arranged by Khenpo Ngawang Yonten Zangpo (1928-2002) Beijing, China: mi rigs dpe skrun khang.

—(1984) བསྟན་པ་སྤྱི་འགྲེལ་དང་གསོལ་འདེབས་ཉེར་ལྔ་པ (bstan pa spyi 'grel dang gsol 'debs nyer lnga pa)

The collected works (gsung 'bum) of kun-mkhyen dol-po-pa ses-rab-rgyal-mtshan (1292-1361) by publisher name: lama ngodrup and sherab drimay, are reproduced from eye copies of prints from the rgyal-rtse rdzon blocks preserved at the kyichu monastery in the Paro Valley, Bhutan. Paro, Bhutan: Block Print.

—(around 1990's) བསྟན་པ་སྤྱི་འགྲེལ་ཞེས་བྱ་བའི་གསོལ་འདེབས (bstan pa spyi 'grel zhes bya ba'i gsol 'debs)《總釋教門禱祝》 The 'Dzam thang edition of the collected works (gsung 'bum) of Kun-mkhyen Dol-po-pa Shes-rab-rgyal-mtshan / collected and presented by Matthew Kapstein. Collection was printed in 'Dzam thang and includes many of his works on zhentong and the Kalachakra. 'Dzam thang, Tibet: Block Print.

འཇམ་དབྱངས་མཁྱེན་བརྩེའི་དབང་ཕྱུག Jamyang Khyentse Wangchuk ('jam dbyangs mkhyen brtse'i dbang phyug)乃薩欽哲旺秋：

—（年份不明）འཇམ་དབྱངས་མཁྱེན་བརྩེའི་དབང་ཕྱུག་གི་རྣམ་ཐར ('jam dbyangs mkhyen brtse'i dbang phyug gi rnam thar) Unknown Origin: Block Print.

ཉ་དབོན་ཀུན་དགའ་དཔལ Jonang Nyawon Kunga Pel (nya dbon kun dga' dpal) 聶溫·袞噶白：

— (2010) ཁྲུལ་འཇོམས་དང་བསྟན་པ་སྤྱི་འགྲེལ་གྱི་རྣམ་བཤད (khrul 'joms dang bstan pa spyi 'grel gyi rnam bshad) Writings by Jonang Nyawon Kunga Pel (1285-1379) on buddha-nature and pith instruction on the sixfold vajrayoga practice of the Kalachakra. Commentary on the Bstan pa spyi 'grel by Dolpopa Sherab Gyaltsen. 'Dzam thang: Computerized Input.

བློ་གསལ་བསྟན་སྐྱོང Zhalu Losel Tenkyong (blo gsal bstan skyong) 夏魯·洛色丹瓊:

— (2009) ཞྭ་ལུ་མཆོག་སྤྲུལ་བློ་གསལ་བསྟན་སྐྱོང་གི་རང་རྣམ་དང་མགུར་ཕྲེང (zhwa lu mchog sprul blo gsal bstan skyong gi rang rnam dang mgur phreng) Autobiography of Zhalu Losel Tenkyong, including his spiritual songs. Nepal: Computer Input.

ཀློང་ཆེན་རབ་འབྱམས Longchen Rabjam (klong chen rab 'byams) 龍青巴（隆欽熱降巴）:

— ཚིག་དོན་མཛོད《句義藏》或作《句義寶藏論》、《詞義寶藏論》(The Treasury of Word and Meaning) 見紐修堪仁波切蔣揚多杰 (2004)。《大圓滿傳承源流》/ 台北 / 全佛出版社; 圖登華丹翻譯（2005）珠古東珠（義成活佛）《慧光集（二十三）——大圓滿龍欽寧體傳承祖師傳》/ 台北 / 寧瑪巴喇榮三乘法林佛學會。

中文資料

第一世蔣貢羅佐泰耶著，堪布嘎桑旦增（Khenpo Karsang Tenzin）譯（2013）《薄伽梵喜金剛一念瑜珈常修儀軌》/ 香港 / 噶舉書院。

大衛・塞福特・魯埃格著，安海燕譯（2014）《覺囊派：一個佛教本體論者的教派——據〈宗義書水晶鏡〉》。見《他空見與如來藏：覺囊派人物、教法、藝術和歷史研究》沈衛榮譯（2014）/ 北京 / 北京大學出版社。

任繼愈（1985）《中國佛教史》/ 北京 / 中國社會科學出版社。

竹清嘉措仁波切（年份不明）《明光皓日之心髓》。

克勞斯 - 迪特・馬特斯著，楊杰譯（2014）《〈甚深義之二十一差別論〉——朵波巴與釋迦確丹二他空師之見地比較》。見《他空見與如來藏：覺囊派人物、教法、藝術和歷史研究》，沈衛榮譯

（2014）/ 北京 / 北京大學出版社。
沈衛榮（2007）《大乘要道密集》與西夏、元朝所傳西藏密法——《大乘要道密集》系列研究導論。《中華佛學學報》第二十期 / 台北 / 中華佛學研究所。
沈衛榮、安海燕（2011）《明代漢譯藏傳密教文獻和西域僧團——兼談漢藏佛教史研究的語文學方法》。《清華大學學報（哲學社會科學版）》2011 年第 2 期第 26 卷 / 北京 / 清華大學出版社。
俞中元、魯鄭勇（1994）《大乘要道密集評注》/ 西安 / 陝西攝影出版社。
班班多杰
—（1995）《藏傳佛教史上的“他空見”與“自空見——藏傳佛教的思想特點及理論淵源》。《哲學研究》1995 年第 5 期 / 北京 / 哲學研究雜誌社。
—（1995）《藏傳佛教史上的“他空見”與“自空見——藏傳佛教的思想特點及理論淵源（續）》。《哲學研究》1995 年第 6 期 / 北京 / 哲學研究雜誌社。
—（2009）《〈山法了義海論〉所引佛教經論藏漢譯文比較研究》。《中國藏學》2009 年第 3 期 / 北京 / 中國藏學出版社。
桑周扎喜（1998）《談談漢藏佛教的溝通》。《法音》1998 年第 7 期 / 北京 / 中國佛教協會。
索達吉堪布譯（2012）《釋迦牟尼佛廣傳白蓮花論》/ 拉薩 / 西藏藏文古籍出版社。
許明銀（2007）《章嘉宗義書〈中觀派章〉》。《正觀雜誌》第 43 期 / 南投 / 正觀雜誌 。
許得存譯
—（1992）《覺囊派教法史》/ 北京 / 中國佛教協會。
—（1997）《中觀他空思想要論》。《法音》1997 年第 3 期 / 北京 / 中國佛教協會。

摧魔洲尊者造論，敦珠仁波切科判，談錫永導論，許錫恩譯（2005）《寧瑪派次第禪——〈大圓滿立斷教授・淨治明相〉》/ 西寧 / 青海人民出版社。

郭若扎西（1990）《郭扎佛教史》/ 北京 / 中國藏學出版社。

隆欽然降巴（年份不明）《七寶藏論・宗派藏》（班班多杰譯）/ 四川 / 德格印經院。

嘎桑旦增譯（2013）《薄伽梵喜金剛——念瑜珈常修儀軌》/ 香港 / 噶舉書院。

廖本聖（2002）《實用西藏語文法——附錄及檢索手冊》/ 台北 / 法鼓文化。

蒲文成（2001）《青海佛教史》/ 西寧 / 青海人民出版社。

劉立千

—（2000）《藏傳佛教各派教義及密宗漫談》/ 北京 / 民族出版社。

—（2009）《句義寶藏論廣講》/ 北京 / 民族出版社。

劉國威（2009）《西藏佛教對印度論師月官（Candragomin）的記載與看法》，兩岸西藏學研討會（第 3 屆）/ 宜蘭 / 佛光大學。

談錫永（1996）《寶性論新譯》寶性論五題 / 香港 / 密乘佛學會。

噶繞多吉（年份不明）金制寶箧——《大圓滿三大要語》密宗虹身成就略記 / 索達吉堪布著。

諾布旺典（2009）《藏密神明圖鑒 85 位最重要的藏密神明大全》/ 北京 / 紫禁城出版社。

嘉初仁波切（2002）《解脱大道：大手印與大圓滿雙融實修教導》/ 台北 / 圓神出版社。

塞勒斯・斯特恩斯著，謝皓玥譯（2014）《朵波巴・攝囉監燦與他空見在藏地的起源》。見《他空見與如來藏：覺囊派人物、教法、藝術和歷史研究》沈衛榮譯（2014）/ 北京 / 北京大學出版社。
釋如石（2002）《現觀莊嚴論一滴》/ 台北 / 法鼓文化。

英文資料

Hopkins, Jeffrey and Lama Lodro Namgyel (2007) *The Essence of Other-Emptiness.* N.Y.: Snow Lion Publications.

Khedrup Norsang Gyatso Gavin Kilt (2004) *Ornament of Stainless Light: An Exposition of the Kālacakra Tantra.* MA.: Wisdom Publications.

Roerich, George (1976) *Commentary on the General Doctrine.* See from *The Blue Annals* by Gö Lotsawa. Delhi: Motilal Banarsidass.

Smith, E. Gene (2004) *Banned Books in the Tibetan Speaking Lands,* in 21st Century Tibet Issue: Symposium on Contemporary Tibetan Studies, Collected Papers (Taipei City, Taiwan: Mongolian and Tibetan Affairs Commission), 364-81.

Stearns, Cyrus (2010) *The Buddha From Dolpo: A Study Of The Life And Thought Of The Tibetan Master Dolpopa Sherab Gyaltsen* (Tsadra) N.Y.: Snow Lion Publications.

日文資料

宮本神酒男訳（2017）《ドルポから來たブッダ》カーラチャクラのチョナン派版解釈。 Retrieved November 10, 2017, from http://mikiomiyamoto.bake-neko.net/buddhafromdolpo06.htm

6. 附錄二：《佛教總釋》明譯

總釋教門禱祝法

唵孤嚕不答菩提薩埵（藥必二合）捺麼捺麻，
皈命敬禮法尊最妙上師化身蓮花足，具大慈悲願垂攝受！
有為諸法如流水，如雲如電亦如露，
無常變遷不堅牢，善演上師恭敬禮。
猶如火坑毒蛇吞，亦如蜜蜂繞瓶中，
三界自性悉是苦，善演上師恭敬禮。
以此垢身而為淨，譬如莊嚴不淨瓶，
愚迷凡夫起貪愛，善演上師恭敬禮。
貪著輪迴諸眾生，無常不淨生厭離，
令修無我空寂道，善演四諦師敬禮。
（同初轉法輪讚）
諸法悉皆從緣生，本無我人、生、壽者，
猶如夢、幻、焰、空谷，善演上師恭敬禮。
境相咸是心習氣，心意識皆假稱名，
猶如虛空無自性，善演上師恭敬禮。
色等蘊如生泡沫，亦如浮漚及陽焰，
根如空房界如蛇，善演上師恭敬禮。
輪迴涅盤一切法，本離去來生住滅，
無中無際自性空，善演上師恭敬禮。

如貧寶藏瓶中燈，種種客塵煩惱中，
本有法身如來藏，善演上師恭敬禮。
遍計依他皆非有，圓成法性本非無，
分別有無離斷常，善演上師恭敬禮。
俗法因果因緣生，真理自然離因緣，
分別緣生自然智，善演上師恭敬禮。

（同後轉法輪讚）

內外諸法皆無明，餘是法性自然智，
識智輪圓真俗理，善演上師恭敬禮。
俗相三有皆不真，真理三有如來藏，
不變不假不謬相，善演上師恭敬禮。

（同密乘讚）

所轉四諦之法輪，本無自性之法輪，
真理定相法輪義，善演上師恭敬禮。
三轉法輪甘露水，滌除粗細極微垢，
令證離垢法身寶，善能上師恭敬禮。
有相諸法皆是心，於著心說無相觀，
入無相者示有相，善演上師恭敬禮。
開示因果化劣機，顯諸法空破唯識，
於無光明如來藏，善演上師恭敬禮。

（同三轉法輪讚）

應下機說聲聞乘，中機緣覺上大乘，
契經密咒因果理，善演上師恭敬禮。
譬如嬰兒童稚年，父母隨類親教訓，
三輪密咒救群生，能利上師恭敬禮。
復如下中上機子，隨機教授相應行，

三輪密咒契群機，能演上師恭敬禮。
如登三層妙樓閣，佛教三輪密咒理，
漸修如登三層樓，能演上師恭敬禮。
如同商賈持寶珠，次第淨除三層垢，
三輪咒顯如來藏，能演上師恭敬禮。

（同經咒讚）

因別果別如來藏，因別光明空性相，
果別不變真大樂，如八攝靈師敬禮。
大密密空眾色母，法宮巴葛蓮師座，
無我亥母種種名，顯示一味空性禮。
金剛明點兮嚕葛，集樂兮悲初正覺，
菩提心等種種名，顯示一味大樂禮。
方慧時輪金剛識，上樂輪及喜金剛，
幻網密集等眾名，顯示一味雙融禮。
雙融一味不變性，最初正覺自然智，
具垢真如於諸法，如空普遍師敬禮。
其理出纏之方便，金剛修習惠彼岸，
最勝修習大手印，並支引道師敬禮。
因中本有以道要，如雲霧散淨虛空，
垢淨無垢真如性，現前名果師敬禮。

（同因道果讚）

不變光明無妄念，智足破盡煩惱纏，
自然之智真法身，自利圓滿師敬禮。
憫念愚迷之眾生，廣興利樂饒益行，
福足能證俗色身，利他圓滿師敬禮。
圓滿一切行願海，成熟一切眾生海，

嚴淨諸佛刹海已，融入實際師敬禮。
如瓶日寶摩尼樹，天鼓無作雖無念，
昔願自然不休息，普利眾生師敬禮。
（同二足二身並妙用讚）
法中最極後法輪，乘中最極是大乘，
大乘中最心藏乘，心中最極大樂禮。
教中最極是大乘，乘中最極密咒乘，
密中最極是時輪，時輪中最空樂禮。
宗趣中最大中觀，觀最無生離邊際，
離際中最性光明，光明中最大樂禮。
見中最極離際空，空性中最有相空，
行中最極大悲心，悲中最極無緣禮。
灌中最極出世灌，道中最極究竟次，
成就最極上成就，為勝資故師敬禮。
中圍最極性光明，佛中最極空樂智，
印中最極光明印，咒中最極護意禮。
因之最極垢真如，道之最極六支觀，
果之最極離垢性，圓示極法師敬禮。
（同最極讚）
總釋教門禱祝法尊最妙上師之僕攝囉監燦班藏布書
此善我及諸眾生，速證離垢真法身，
應以俗果二色身，盡輪迴際願利生，
乃至未證菩提間，願以三輪密咒法，
勤除自他之垢染，眾生同證如來藏。

忙葛辣巴斡都

7. 附錄三：《佛教總釋》藏文圖片——壤塘版

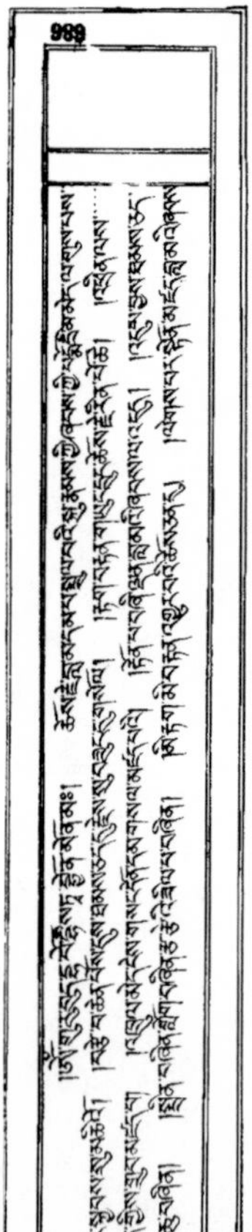

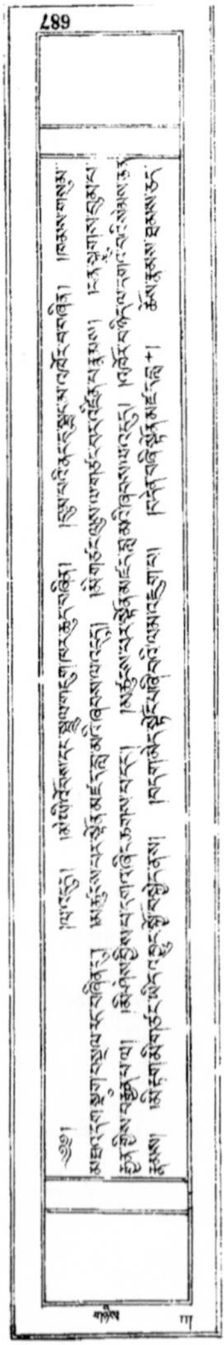

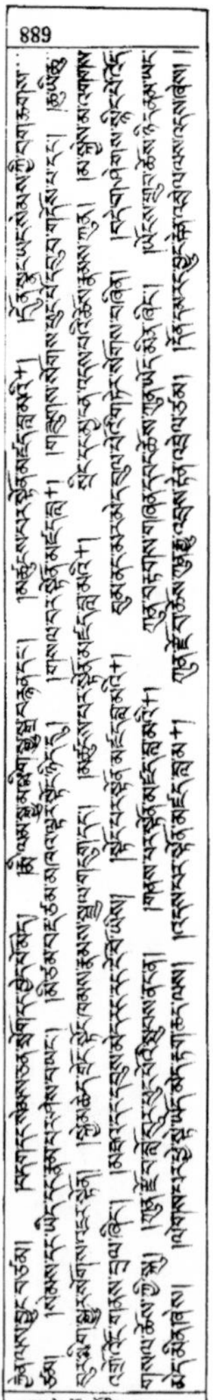

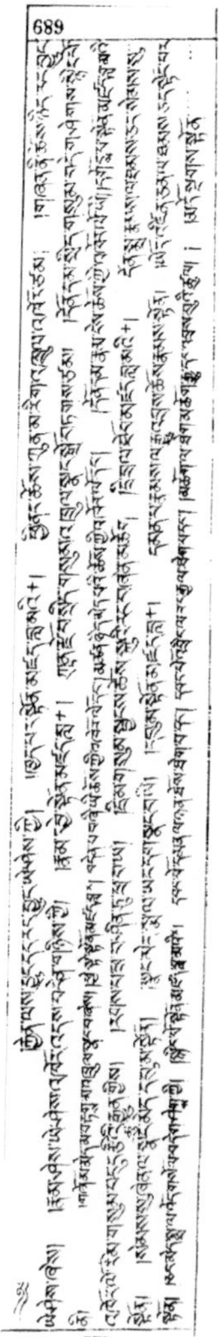

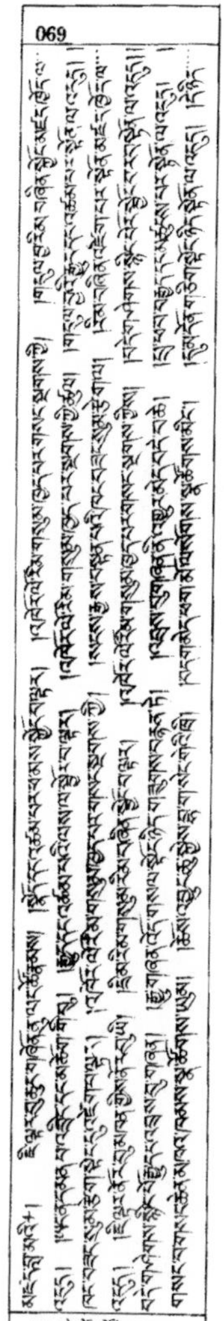

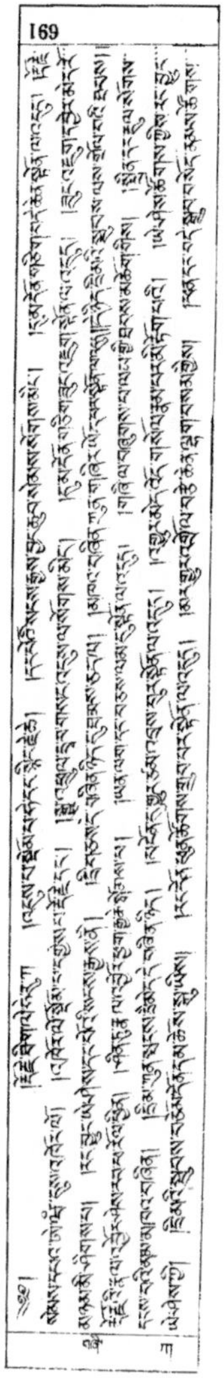

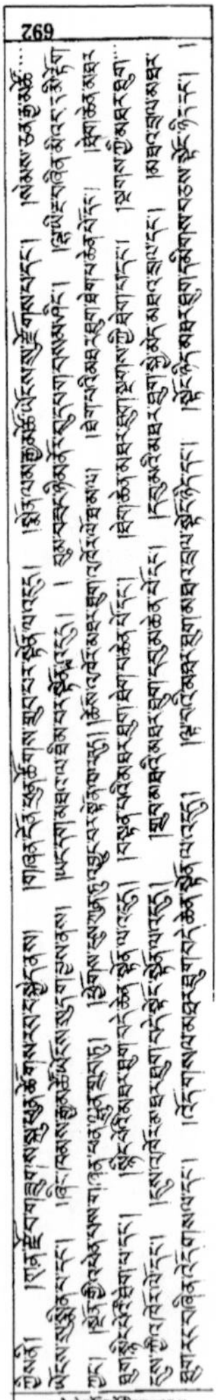
692

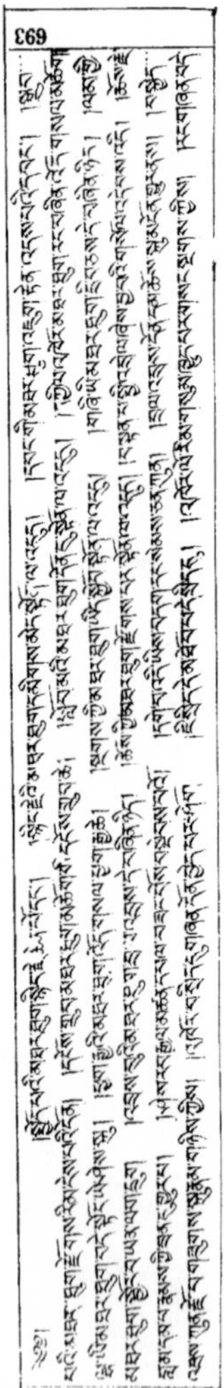
693

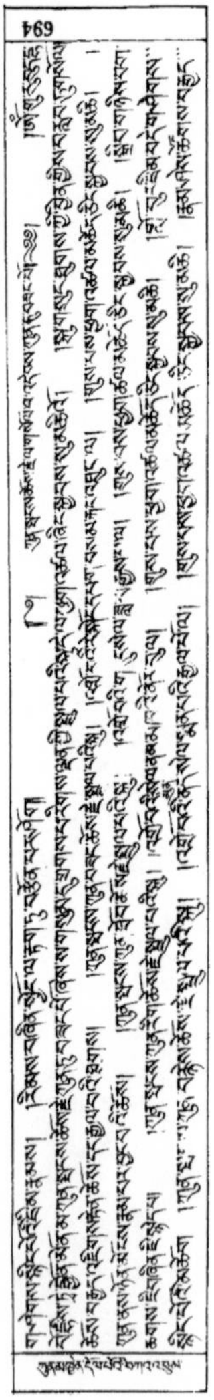
694

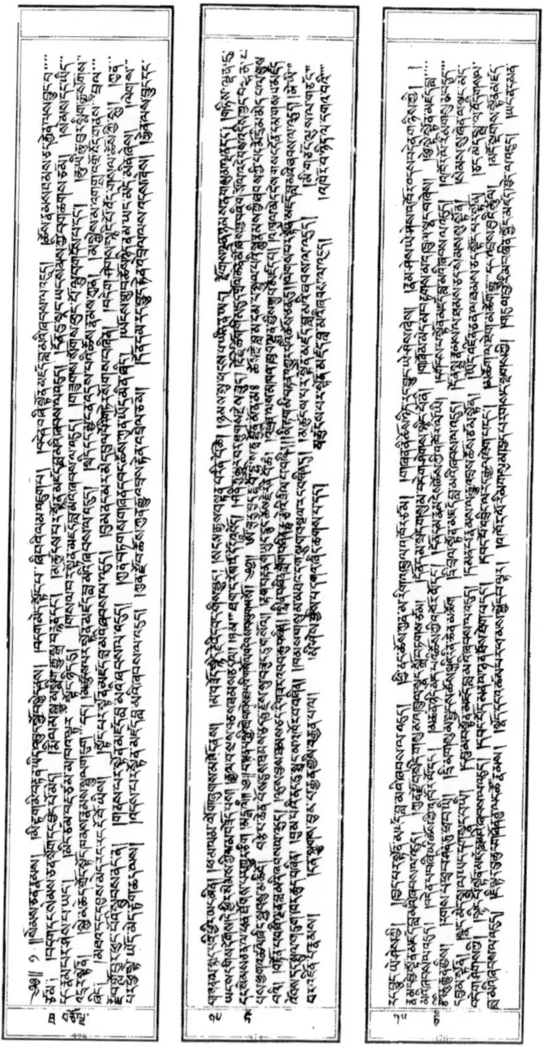

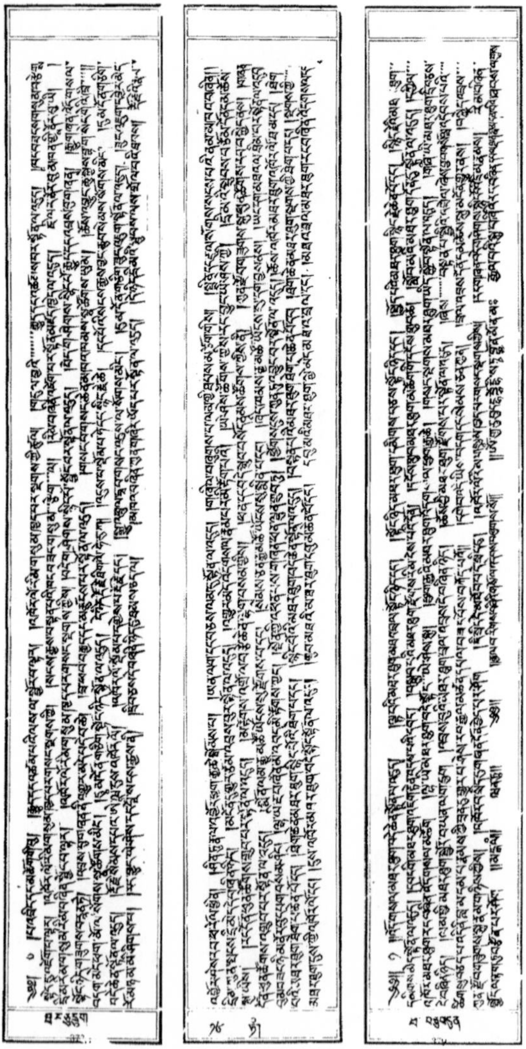

8. 附錄四：《佛教總釋》藏文圖片——北京版

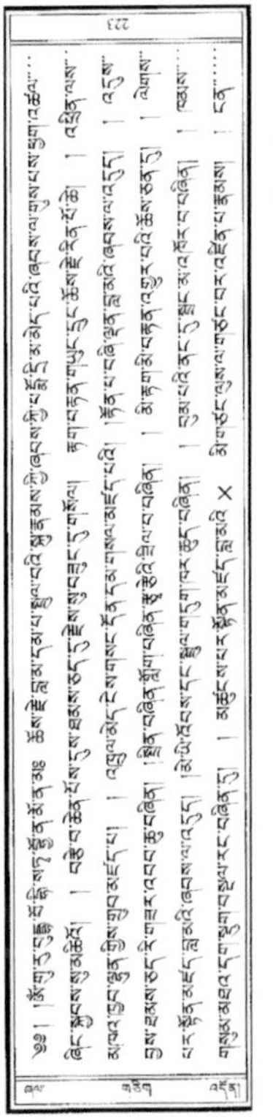

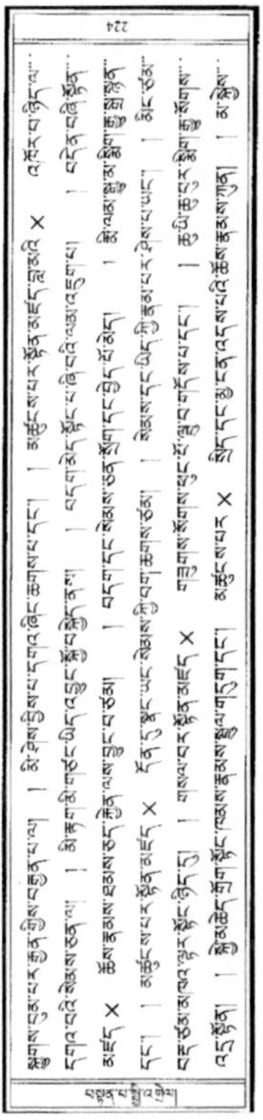

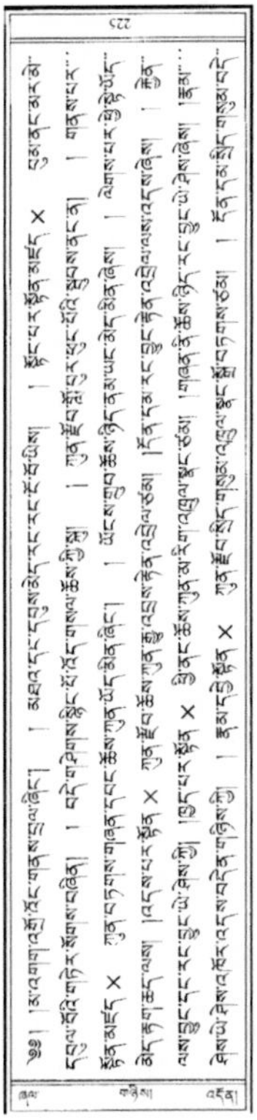

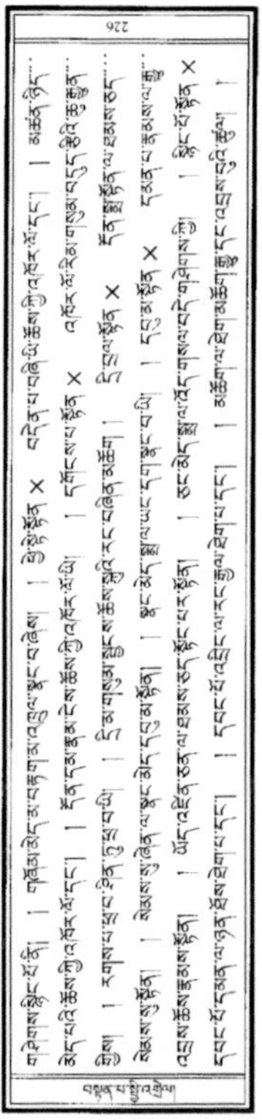

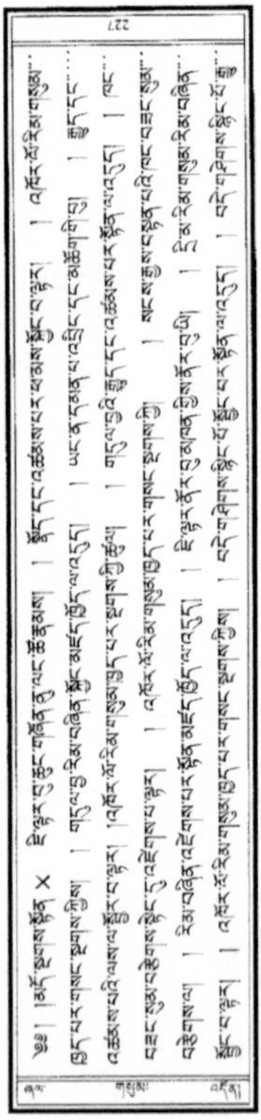
227

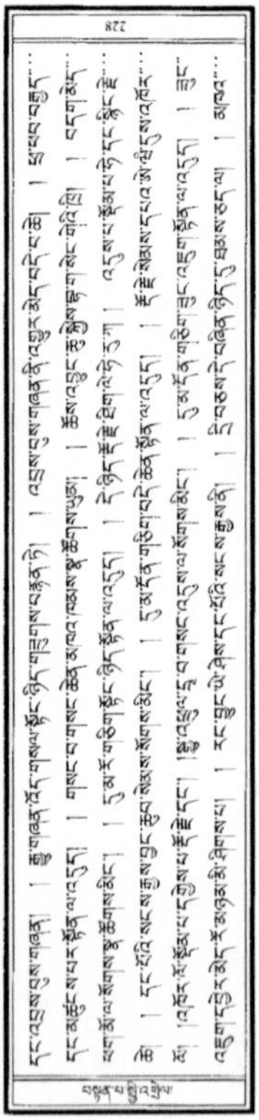
228

229

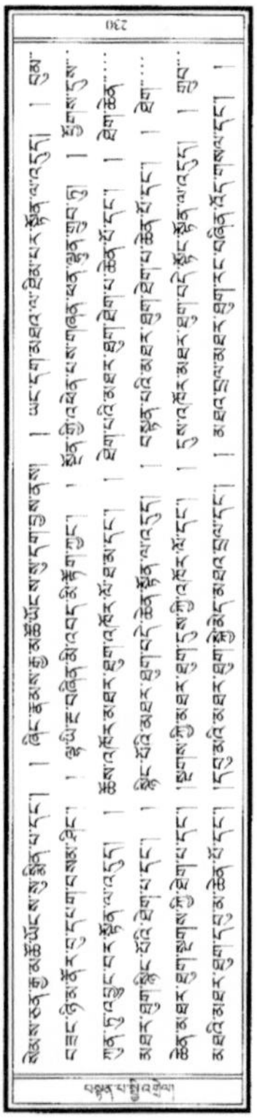
230

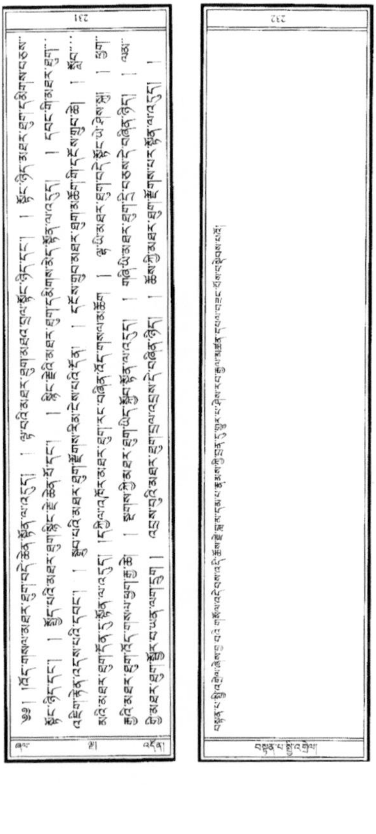

9. 附錄五：不丹原江孜版、壤塘版、北京版逐字比對

第一行是不丹原江孜版貝葉圖片單行，下面三行是三版對齊。三版有任何不同處，以紅色標識出。本譯文以不丹原江孜版為主，其餘為輔。不同處的不同文意評析比對，見本文注釋。每組左上方的阿拉伯數字，是江孜版的頁數。

第686頁

༄༅༅། |ཨོཾ་གུ་རུ་བུད་ཛ་བོ་དྷི་ས་ཏྭ་སྒྲོ་ན་མོ་ན་མཿ། ཆོས་རྗེ་བླ་མ་དམ་པ་སྤྲུལ་པའི་སྐུ་རྣམས་ཀྱི་ཞབས་ཀྱི་པདྨོ་དྲི་མ་མེད་ལ་གུས་པས་།

(江孜）༄༅༅། |ཨོཾ་གུ་རུ་བུད་ཛ་བོ་དྷི་ས་ཏྭ་སྒྲོ་ན་མོ་ན་མཿ། ཆོས་རྗེ་བླ་མ་དམ་པ་སྤྲུལ་པའི་སྐུ་རྣམས་ཀྱི་ཞབས་ཀྱི་པདྨོ་ དྲི་མ་མེད་ ལ་གུས་པས་

(壤塘）༄༅། |ཨོཾ་གུ་རུ་བུད་ཛ་བོ་དྷི་ས་ཏྭ་སྒྲོ་ན་མོ་ན་མཿ ཆོས་རྗེ་བླ་མ་དམ་པ་སྤྲུལ་པའི་སྐུ་རྣམས་ཀྱི་ཞབས་ཀྱི་པད་མོ་དྲི་མ་མེད་ པལ་གུས་པས་

(北京）༄༅། |ཨོཾ་གུ་རུ་བུད་ཛ་བོ་དྷི་ས་ཏྭ་སྒྲོ་ན་མོ་ན་མཿ ཆོས་རྗེ་བླ་མ་དམ་པ་སྤྲུལ་པའི་སྐུ་རྣམས་ཀྱི་ཞབས་ཀྱི་པདྨོ་དྲི་མ་མེད་པའི་ཞབས་ལ་གུས་པས་

ཕྱག་འཚལ་ཞིང་སྐྱབས་སུ་མཆིའོ། |བརྩེ་བ་ཆེན་པོས་དུས་ཐམས་ཅད་དུ་རྗེས་སུ་བཟུང་དུ་གསོལ། |རྟག་བརྟན་གཡུང་དྲུང་ཆོས་རྗེ་རིན་པོ་ཆེ། |འཕྲིན་ལས···

(江孜）ཕྱག་འཚལ་ཞིང་སྐྱབས་སུ་མཆིའོ། |བརྩེ་བ་ཆེན་པོས་དུས་ཐམས་ཅད་དུ་རྗེས་སུ་བཟུང་དུ་གསོལ། |རྟག་བརྟན་གཡུང་དྲུང་ཆོས་རྗེ་རིན་པོ་ཆེ། |འཕྲིན་ལས·····

(壤塘）ཕྱག་འཚལ་ཞིང་སྐྱབ སུ་མཆིའོ། |བརྩེ་བ་ཆེན་པོས་དུས་ཐམས་ཅད་དུ་རྗེས་སུ་བཟུང་དུ་གསོལ། |རྟག་བརྟན་གཡུང་དྲུང་ཆོས་རྗེ་རིན་པོ་ཆེ། |འཕྲིན་ལས་

(北京）ཕྱག་འཚལ་ཞིང་སྐྱབས་སུ་མཆིའོ། |བརྩེ་བ་ཆེན་པོས་དུས་ཐམས་ཅད་དུ་རྗེས་སུ་བཟུང་དུ་གསོལ། རྟག་བརྟན་གཡུང་དྲུང་ཆོས་རྗེ་རིན་པོ་ཆེ། |འཕྲིན་ལས···

མཁའ་ཁྱབ་ལྷུན་གྱིས་གྲུབ་མཛད་པ། |འགྲུལ་མེད་ངེས་གསང་དོན་དམ་གསལ་མཛད་པའི། |རྟོན་པ་བཞི་ལྡན་བླ་མའི་ཞབས་ལ་འདུད། |འདུས་བྱས་ཐམས་ཅད་

(江孜）མཁའ་ཁྱབ་ལྷུན་གྱིས་གྲུབ་མཛད་པ། |འགྲུལ་མེད་ངེས་གསང་དོན་དམ་གསལ་མཛད་པའི། རྟོན་པ་བཞི་ལྡན་བླ་མའི་ཞབས་ལ་འདུད། |འདུས་བྱས་ཐམས་ཅད་

(壤塘）མཁའ་ཁྱབ་ལྷུན་གྱིས་གྲུབ་མཛད་པ། |འགྲུལ་མེད་ངེས་གསང་དོན་དམ་གསལ་མཛད་པའི། |བརྟོན་པ་བཞི་ལྡན་བླ་མའི་ཞབས་ལ་འདུད། |འདུས་་བྱས་ཐམས་ཅད་

(北京）མཁའ་ཁྱབ་ལྷུན་གྱིས་གྲུབ་མཛད་པ། |འགྲུལ་མེད་ངེས་གསང་དོན་དམ་གསལ་མཛད་པའི། རྟོན་པ་བཞི་ལྡན་བླ་མའི་ཞབས་ལ་འདུད། |འདུས་བྱས་ཐམས་ཅད་

|རི་བཟང་རབ་འབབ་ཆུ་བཞིན། |སྤྲིན་བཞིན་གློག་བཞིན་རྩ་རྩེའི་ཟིལ་པ་བཞིན། |མི་རྟག་མི་བརྟན་འགྱུར་བའི་ཆོས་ཅན་དུ། |ལེགས་པར་སྟོན་མཛད་བླ་མའི་ཞབས་

（江孜）	རི་བཟར་འབབ་ཆུ་བཞིན།	|སྤྲིན་བཞིན་གློག་བཞིན་རྩ་རྩེའི་ཟིལ་པ་བཞིན།	|མི་རྟག་མི་བརྟན་འགྱུར་བའི་ཆོས་ཅན་དུ།	|ལེགས་པར་སྟོན་མཛད་བླ་མའི་ཞབས་
（壤塘）	རི་གཟར་འབབ་ཆུ་བཞིན།	|སྤྲིན་བཞིན་གློག་བཞིན་རྩ་རྩེའི་ཟིལ་པ་བཞིན།	|མི་རྟག་མི་བརྟན་འགྱུར་བའི་ཆོས་ཅན་དུ།	|ལེགས་པར་སྟོན་མཛད་བླ་མའི་ཞབས་
（北京）	རི་གཟར་འབབ་ཆུ་བཞིན།	|སྤྲིན་བཞིན་གློག་བཞིན་རྩ་རྩེའི་ཟིལ་པ་བཞིན།	|མི་རྟག་མི་བརྟན་འགྱུར་བའི་ཆོས་ཅན་དུ།	|ལེགས་··པར་སྟོན་མཛད་བླ་མའི་ཞབས་

第687頁

|༄༅། |ལ་འདུད། |མི་ཡི་འོབས་དང་སྦྲུལ་གདུག་ཁར་ཆུད་བཞིན། |བྱུམ་པའི་ནང་དུ་སྦྲང་མ་འཁོར་བ་བཞིན། |ཁམས་གསུམ་ ‖

（江孜）	༄༅།	|ལ་འདུད།	|མི་ཡི་འོབས་དང་སྦྲུལ་གདུག་ཁར་ཆུད་བཞིན།	|བྱུམ་པའི་ནང་དུ་སྦྲང་མ་འཁོར་བ་བཞིན།	|ཁམས་ གསུམ་
（壤塘）		ལ་འདུད།	|མི་ཡི་འོབས་དང་སྦྲུལ་གདུག་ཁར་ཆུད་བཞིན།	|བྱུམ་པའི་ནང་དུ་སྦྲང་མ་འཁོར་བ་བཞིན།	|ཁམས་···གསུམ་
（北京）		ལ་འདུད།	|མི་ཡི་··འོབས་དང་སྦྲུལ་གདུག་ཁར་ཆུད་བཞིན།	|བྱུམ་པའི་ནང་དུ་སྦྲང་མ་འཁོར་བ་བཞིན།	|ཁམས་ གསུམ་

|མཐའ་དག་སྡུག་བསྔལ་རང་བཞིན་དུ། |མཚུངས་པར་སྟོན་མཛད་བླ་མའི་ཞབས་ལ་འདུད། |མི་གཙང་ལུས་ལ་གཙང་བར་འཛིན་པ་རྣམས། |ངན་སྐྱུགས་བྲུམ་པ་!

（江孜）	མཐའ་དག་སྡུག་བསྔལ་རང་བཞིན་དུ།	|མཚུངས་པར་སྟོན་མཛད་བླ་མའི་ཞབས་ལ་འདུད།	|མི་གཙང་ལུས་ལ་གཙང་བར་འཛིན་པ་རྣམས།	|ངན་སྐྱུགས་བྲུམ་པ་
（壤塘）	མཐའ་དག་སྡུག་བསྔལ་རང་བཞིན་དུ།	|མཚུངས་པར་སྟོན་མཛད་བླ་མའི་ཞབས་ལ་འདུད།	|མི་གཙང་ལུས་ལ་གཙང་···བར་འཛིན་པ་རྣམས།	|ངན་སྐྱུགས་བྲུམ་པ་
（北京）	མཐའ་དག་སྡུག་བསྔལ་རང་བཞིན་དུ།	|མཚུངས་པར་སྟོན་མཛད་བླ་མའི×	མི་གཙང་ལུས་ལ་གཙང་བར་འཛིན་པ་རྣམས།	|ངན·····སྐྱུགས་བྲུམ་པར་

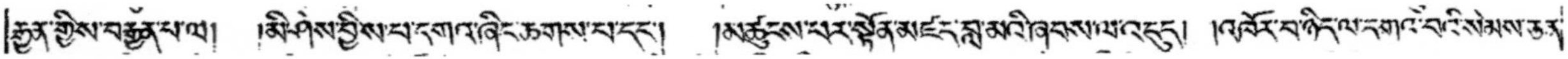

（江孜） རྒྱན་གྱིས་བརྒྱན་པ་ལ། །མི་ཤེས་བྱིས་པ་དགའ་ཞིང་ཆགས་པ་དང་། །མཚུངས་པར་སྟོན་མཛད་བླ་མའི་ཞབས་ལ་འདུད། །འཁོར་བ་ཉིད་ལ་དགའ་བའི་སེམས་ཅན་

（壤塘） རྒྱན་གྱིས་བརྒྱན་པ་ལ། །མི་ཤེས་བྱིས་པ་དགའ་ཞིང་ཆགས་པ་དང་། མཚུངས་པར་སྟོན་མཛད་བླ་མའི་ཞབས་ལ་འདུད། །འཁོར་བ་ཉིད་ལ་དགའ་བའི···སེམས་ཅན་

（北京） རྒྱན་གྱིས་བརྒྱན་པ་ལ། །མི་ཤེས་བྱིས་པ་དགའ་ཞིང་ཆགས་པ་དང་། །མཚུངས་པར་སྟོན་མཛད་བླ་མའི× འཁོར་བ་ཉིད་ལ···དགའ་བའི་སེམས་ཅན་

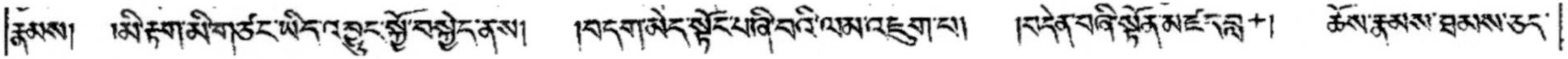

（江孜） རྣམས། །མི་རྟག་མི་གཙང་ཡིད་འབྱུང་སྐྱོ་བསྐྱེད་ནས། །བདག་མེད་སྟོང་པ་ཞི་བའི་ལམ་འཇུག་པ། །བདེན་བཞི་སྟོན་མཛད་བླ+ ཆོས་རྣམས་ཐམས་ཅད་

（壤塘） རྣམས། །མི་རྟག་མི་བརྟན་ཡིད་འབྱུང་སྐྱོ་བསྐྱེད་ནས། །བདག་མེད་སྟོང་པ་ཞི་བའི་ལམ་འཇུག་པ། །བདེན་བཞི་སྟོན་ ttམཛད་བླ་མའི་ཞབས་ལ་འདུད། ཆོས་རྣམས་ཐམས་ཅད་

（北京） ལ། །མི་རྟག་མི་གཙང་ཡིད་འབྱུང་སྐྱོ་བསྐྱེད་ནས། །བདག་མེད་སྟོང་པ་ཞི་བའི་ལམ་འཇུག་པ། །བདེན་བཞི་སྟོན···མཛད× ཆོས་རྣམས་ཐམས་ཅད་

第688頁

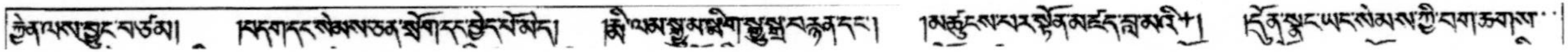

（江孜） རྟེན་ལས་བྱུང་བ་ཙམ། །བདག་དང་སེམས་ཅན་སྲོག་དང་བྱེད་པོ་མེད།།རྨི་ལམ་སྒྱུ་མ་སྨིག་སྒྱུ་སྒྲ་བརྙན་དང་།།མཚུངས་པར་སྟོན་མཛད་བླ་མའི+། །དོན་སྣང་ཡང་སེམས་ཀྱི་བག་ཆགས་

（壤塘） རྟེན་ལས་བྱུང་བ···ཙམ། །བདག་དང་སེམས་ཅན་སྲོག་དང་བྱེད་པོ་མེད།།རྨི་ལམ་སྒྱུ་མ་སྨིག་རྒྱུ་སྒྲ་བརྙན་དང་།།མཚུངས་པར་སྟོན་མཛད་བླ་མའི་ཞབས་ལ་འདུད།།དོན་དུ་སྣང་ཡང་སེམས་ཀྱི་བག་ཆགས

（北京） རྟེན་ལས་བྱུང་བ་ཙམ།།བདག་དང་སེམས་ཅན་སྲོག་དང་བྱེད་པོ་མེད།།རྨི་ལམ་སྒྱུ་མ་སྨིག་རྒྱུ་སྒྲ་སྙན་ དང་།།མཚུངས་པར་སྟོན་མཛད× དོན་དུ་སྣང་ཡང་སེམས་ཀྱི་བག་ཆགས

ཙཾ། །སེམས་དང་ཡིད་དང་རྣམ་པར་ཤེས་པ་ཡང་། །མི་ཙམ་བཛྲ་ཙམ་མཁའ་ལྟར་སྟོང་ཉིད་དེ། །གསལ་བར་སྟོན་མཛད་བླ+། །གཟུགས་སོགས་ཕུང་པོ་དབུ་བ་གདོས་པ་དང་། །ཀྱེ་ཡི་ཀྱེ།

(江孜) ཙཾ། །སེམས་དང་ཡིད་དང་རྣམ་པར་ཤེས་པ་ཡང་།།མི་ཙམ་བཛྲ་ཙམ་མཁའ་ལྟར་སྟོང་ཉིད་དེ།།གསལ་བར་སྟོན་མཛད་བླ+། །གཟུགས་སོགས་ཕུང་པོ་དབུ་བ་གདོས་པ་དང་།།ཀྱེ་ཡི་ཀྱེ་

(壤塘) ཙཾ། །སེམས་དང་ཡིད་དང་རྣམ་པར་ཤེས་པ་ཡང་།།མིང་ཙམ་བཛྲ་ཙམ་མཁའ་ལྟར་སྟོང་ཉིད་དེ།།གསལ་བར་སྟོན་མཛད་བླ་མའི་ཞབས་ལ་འདུད།།གཟུགས་སོགས་ཕུང་པོ་སྦུ་བ་གདོས་པ་དང་།།ཀྱེ་ཡི་ཀྱེ

(北京) ཙཾ། །སེམས་དང་ཡིད་ཀྱི་རྣམ་པར་ཤེས་པ་ཡང་།།མིང་ཙམ་བཛྲ་ཙམ་མཁའ་ལྟར་སྟོང་ཉིད་དེ།།གསལ་བར་སྟོན་མཛད× གཟུགས་སོགས་ཕུང་པོ་སྦུ་བ་གདོས་པ་དང་།།ཀྱེ་ཡི་ཀྱེ

བུར་ཤིག་སྤྲུར་སོགས་འདར་སྟོན། །སྐྱེ་མཆེད་གྲོང་སྟོང་ཁམས་རྣམས་སྒྱུ་མ་གདུག་དང་། །མཚུངས་པར་སྟོན་མཛད་བླ་མའི+། སྲིད་དང་མྱ་ངན་འདས་པའི་ཆོས་རྣམས་ཀུན། །མ་སྐྱེས་མ་འགགས

(江孜) བུར་ཤིག་སྤྲུར་སོགས་འདར་སྟོན།།སྐྱེ་མཆེད་གྲོང་སྟོང་ཁམས་རྣམས་སྒྱུ་མ་གདུག་དང་།།མཚུངས་པར་སྟོན་མཛད་བླ་མའི+། སྲིད་དང་མྱ་ངན་འདས་པའི་ཆོས་རྣམས་ཀུན།།མ་སྐྱེས་མ་འགགས་

(壤塘) བུར་ཤིག་ཀྱུ་སོགས་འདར་སྟོན།།སྐྱེ་མཆེད་གྲོང་སྟོང་ཁམས་རྣམས་སྒྱུ་མ་གདུག་དང་།།མཚུངས་པར་སྟོན་མཛད་བླ་མའི་ཞབས་ལ་འདུད།།སྲིད་དང་མྱ་ངན་འདས་པའི་ཆོས་རྣམས་ཀུན།།མ་སྐྱེས་མ་འགགས་ཀྱི

(北京) བུར་ཤིག་ཀྱུ་སོགས་འདར་སྟོན།།སྐྱེ་མཆེད་གྲོག་སྟོང་ཁམས་རྣམས་སྒྱུ་མ་གདུག་དང་།མཚུངས་པར× སྲིད་དང་མྱ་ངན་འདས་པའི་ཆོས་རྣམས་ཀུན།།མ་སྐྱེས་མ་འགག

འགྲོ་འོང་གནས་བྲལ་ཞིང་། །མཐའ་དང་དབུས་མེད་རང་རང་ངོ་བོ་ཡིས། །སྟོང་པར་སྟོན་མཛད་བླ་མའི+། བུམ་ནང་མར་མེ་དབུལ་པོའི་གཏེར་སོགས་བཞིན། །བདེ་གཤེགས་སྙིང་པོ་འོད

(江孜) འགྲོ་འོང་གནས་བྲལ་ཞིང་།།མཐའ་དང་དབུས་མེད་རང་རང་ངོ་བོ་ཡིས།།སྟོང་པར་སྟོན་མཛད་བླ་མའི+། བུམ་ནང་མར་མེ་དབུལ་པོའི་གཏེར་སོགས་བཞིན།།བདེ་གཤེགས་སྙིང་པོ་འོད་

(壤塘) འགྲོ་འོང་གནས་བྲལ་ཞིང་།།མཐའ་དང་དབུས་མེད་རང་རང་ངོ་བོ་ཡིས།།སྟོང་པར་སྟོན་མཛད་བླ་མའི་ཞབས་ལ་འདུད།།བུམ་ནང་མར་མེ་དབུལ་པོའི་གཏེར་སོགས་བཞིན།།བདེ་གཤེགས་སྙིང་པོ་འོད་

(北京) འགྲོ་འོང་གནས་བྲལ་ཞིང་།།མཐའ་དང་དབུས་མེད་རང་རང་ངོ་བོ་ཡིས།།སྟོང་པར་སྟོན་མཛད× བུམ་ནང་མར་མེ་དབུལ་པོའི་གཏེར་སོགས་བཞིན།།བདེ་གཤེགས་སྙིང་པོ་འོད་

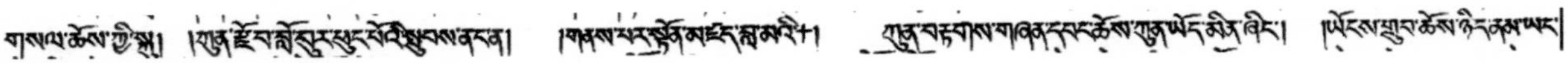

（江孜）གསལ་ཆོས་ཀྱི་སྐུ།།ཀུན་རྫོབ་གློ་བུར་ཕུང་པོའི་སྤྲུལ་བས་ནང་ན།།གནས་པར་སྟོན་མཛད་བླ་མའི+། ཀུན་བརྟགས་གཞན་དབང་ཆོས་ཀུན་ཡོད་མིན་ཞིང་། །ཡོངས་གྲུབ་ཆོས་ཉིད་ནམ་ཡང་

（壤塘）གསལ་ཆོས་ཀྱི་སྐུ།།ཀུན་རྫོབ་གློ་བུར་ཕུང་པོའི་སྤྲུལ་བས་ནང་ན།།གནས་པར་སྟོན་མཛད་བླ་མའི་ཞབས་ལ་འདུད། །ཀུན་བརྟགས་གཞན་དབང་ཆོས་ཀུན་ཡོད་མིན་ཞིང་། །ཡོངས་གྲུབ་ཆོས་ཉིད་ནམ་ཡང་

（北京）གསལ་ཆོས་ཀྱི་སྐུ།།ཀུན་རྫོབ་གློ་བུར་ཕུང་པོའི་སྤྲུལ་བས་ནང་ན།།གནས་པར་ སྟོན་མཛད× ཀུན་བརྟགས་གཞན་དབང་ཆོས་ཀུན་ཡོད་མིན་ཞིང་། །ཡོངས་གྲུབ་ཆོས་ཉིད་ནམ་ཡང་

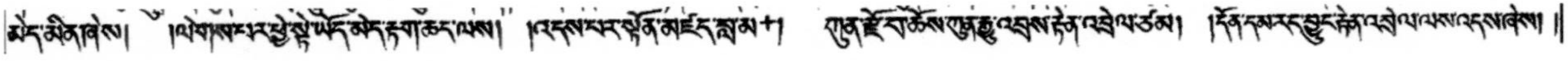

（江孜）མེད་མིན་ཞེས། །ལེགས་པར་ཕྱེ་སྟེ་ཡོད་མེད་རྟག་ཆད་ལས།།འདས་པར་སྟོན་མཛད་བླ་མ+། ཀུན་རྫོབ་ཆོས་ཀུན་རྒྱུ་འབྲས་རྟེན་འབྲེལ་ཙམ། །དོན་དམ་རང་བྱུང་རྟེན་འབྲེལ་ལས་འདས་ཞེས།།

（壤塘）མེད་མིན་ཞེས། །ལེགས་ པར་ཕྱེ་སྟེ་ཡོད་མེད་རྟག་ཆད་ལས།།འདས་པར་སྟོན་མཛད་བླ་མའི་ཞབས་ལ་འདུད། །ཀུན་རྫོབ་ཆོས་ཀུན་རྒྱུ་འབྲས་རྟེན་འབྲེལ་ཙམ།།དོན་དམ་རང་བྱུང་རྟེན་འབྲེལ་ལས་འདས་ཞེས།

（北京）མེད་མིན་ཞེས། །ལེགས་པར་ཕྱེ་སྟེ་ཡོད་ མེད་རྟག་ཆད་ལས།།འདས་པར་སྟོན× ཀུན་རྫོབ་ཆོས་ཀུན་རྒྱུ་འབྲས་རྟེན་འབྲེལ་ཙམ།།དོན་དམ་རང་བྱུང་རྟེན་འབྲེལ་ལས་འདས་ཞེས།

第689頁

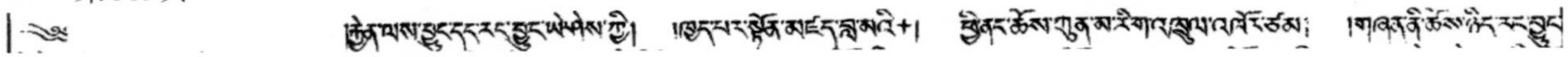

（江孜）༧༢ །རྒྱེན་ལས་བྱུང་དང་རང་བྱུང་ཡེ་ཤེས་ཀྱི།།ཁྱད་པར་སྟོན་མཛད་བླ་མའི+། ཕྱི་ནང་ཆོས་ཀུན་མ་རིག་འཁྲུལ་འཁོར་ཙམ།།གཞན་ནི་ཆོས་ཉིད་རང་བྱུང་

（壤塘）།རྒྱེན་ལས་བྱུང་དང་རང་བྱུང་ཡེ་ཤེས་ཀྱི།།ཁྱད་པར་སྟོན་མཛད་བླ་མའི་ཞབས་ལ་འདུད།།ཕྱི་ནང་ཆོས་ཀུན་མ་རིག་འཁྲུལ་འཁོར་ཙམ།།གཞན་ནི་ཆོས་ཉིད་རང་བྱུང་

（北京）།རྒྱེན་ ལས་བྱུང་དང་རང་བྱུང་ཡེ་ཤེས་ཀྱི།།ཁྱད་པར་སྟོན× ཕྱི་ནང་ཆོས་ཀུན་མ་རིག་འཁྲུལ་སྣང་ཙམ།།གཞན་ནི་ཆོས་ཉིད་རང་བྱུང་

།ཡེ་ཤེས་ཞེས། །རྣམ་ཤེས་ཡེ་ཤེས་འཁོར་འདས་བདེན་གཉིས་ཀྱི། །རྣམ་དབྱེ་སྟོན་མཛད་བླ+། ཀུན་རྫོབ་སྲིད་གསུམ་འཁྲུལ་སྣང་སྒྲོ་བཏགས་ཙམ། །དོན་དམ་སྲིད་གསུམ་བདེ་གཤེགས་སྙིང་པོ།

（江孜）ཡེ་ཤེས་ཞེས།།རྣམ་ཤེས་ཡེ་ཤེས་འཁོར་འདས་བདེན་གཉིས་ཀྱི། །རྣམ་དབྱེ་སྟོན་མཛད་བླ+། ཀུན་རྫོབ་སྲིད་གསུམ་འཁྲུལ་སྣང་སྒྲོ་བཏགས་ཙམ།།དོན་དམ་སྲིད་གསུམ་བདེ་གཤེགས་སྙིང་པོ

（壤塘）ཡེ་ཤེས་ཞེས།།རྣམ་ཤེས་ཡེ་ཤེས་འཁོར་འདས་བདེན་གཉིས་ཀྱི། །རྣམ་དབྱེ་སྟོན་མཛད་བླ་མའི་ཞབས་ལ་འདུད།།ཀུན་རྫོབ་སྲིད་གསུམ་འཁྲུལ་སྣང་སྒྲོ་བཏགས་ཙམ།།དོན་དམ་སྲིད་གསུམ་བདེ་གཤེགས་སྙིང་པོ

（北京）ཡེ་ཤེས་ཞེས།།རྣམ་···ཤེས་ཡེ་ཤེས་འཁོར་འདས་བདེན་གཉིས་ཀྱི། །རྣམ་དབྱེ་སྟོན× ཀུན་རྫོབ་སྲིད་གསུམ་འཁྲུལ་སྣང་སྒྲོ་བཏགས་ཙམ།།དོན་དམ་སྲིད་གསུམ་བདེ་··གཤེགས་སྙིང་པོ

།ཞེ། །གཞོམ་མེད་མ་བཏགས་མ་འཁྲུལ་སྣང་བ་ཞེས། །ཕྱི་ནང་སྟོན་མཛད་བླ། བདེན་པ་བཞི་ཡི་ཆོས་ཀྱི་འཁོར་ལོ་དང་། །མཚན་ཉིད་མེད་པའི་ཆོས་ཀྱི་འཁོར་ལོ་དང་། །དོན་དམ་རྣམ་ངེས་ཆོས་ཀྱི་འཁོར་ལོ་ཡི། །དགོངས་པ་སྟོན་མཛད་བླ་མའི།

ཞེ།།གཞོམ་མེད་མ་བཏགས་མ་འཁྲུལ་སྣང་བ་ཞེས།།ཕྱི་ནང་སྟོན་མཛད་བླ×། བདེན་པ་བཞི་ཡི་ཆོས་ཀྱི་འཁོར་ལོ་དང་། མཚན་ཉིད་མེད་པའི་ཆོས་ཀྱི་འཁོར་ལོ་དང་། །དོན་དམ་རྣམ་ངེས་ཆོས་ཀྱི་འཁོར་ལོ་ཡི།།དགོངས་པ་སྟོན་མཛད་བླ་མའི

ཞེ།།གཞོམ་མེད་མ་བཏགས་མ་འཁྲུལ་སྣང་བ་ཞེས།།ཕྱི་ནང་སྟོན་མཛད་བླ···མའི་ཞབས་ལ་འདུད།།བདེན་པ་བཞི་ཡི་ཆོས་ཀྱི་འཁོར་ལོ་དང་།།མཚན་ཉིད་མེད་པའི་ཆོས་ཀྱི་འཁོར་ལོ་དང་། །དོན་དམ་རྣམ་ངེས་ཆོས་ཀྱི་འཁོར་ལོ་ཡི།།དགོངས་པ་སྟོན་མཛད་བླ་མའི་ཞབས་ལ་འདུད།

ཞེ།།གཞོམ་མེད་མ་བཏག ་མ་འཁྲུལ་སྣང་བ་ཞེས།།ཕྱི་ནང་སྟོན× བདེན་པ་བཞི་ཡི་ཆོས་ཀྱི་འཁོར་ལོ་དང་། མཚན་ཉིད་··མེད་པའི་ཆོས་ཀྱི་འཁོར་ལོ་དང་། །དོན་དམ་རྣམ་ངེས་ཆོས་ཀྱི་འཁོར་ལོ་ཡི།།དགོངས་པ་སྟོན×

།འཁོར་ལོ་རིམ་གསུམ་བདུད་རྩི་ཆུ་རྒྱུན་གྱིས། །རགས་པ་ཕྲ་བ་ཤིན་ཏུ་ཕྲ་བ་ཡི། །དྲི་མ་གསུམ་སྦྱངས་ཆོས་སྐུའི་རང་བཞིན་མཚོན། །དྲི་བྲལ་ཐོབ་མཛད་བླ་མའི+། དོན་སྐྱ་རྣམས་ལ་ཐམས་ཅད་སེམས་སུ།

（江孜）འཁོར་ལོ་རིམ་གསུམ་བདུད་རྩི་ཆུ་རྒྱུན་གྱིས།།རགས་པ་ཕྲ་བ་ཤིན་ཏུ་ཕྲ་བ་ཡི།།དྲི་མ་གསུམ་སྦྱངས་ཆོས་སྐུའི་རང་བཞིན་མཚོན།།དྲི་བྲལ་ཐོབ་མཛད་བླ་མའི+། དོན་སྐྱ་རྣམས་ལ་ཐམས་ཅད་སེམས་སུ

（壤塘）འཁོར་ལོ་རིམ་གསུམ་བདུད་···རྩི་ཆུ་རྒྱུན་གྱིས།།རགས་པ་ཕྲ་བ་ཤིན་ཏུ་ཕྲ་བ་ཡི།།དྲི་མ་གསུམ་སྦྱངས་ཆོས་སྐུའི་རིན་ཆེན་མཚོན།།དྲི་བྲལ་སྟོན་མཛད་བླ་མའི་ཞབས་ལ་འདུད།།དོན་སྐྱ་རྣམས་ལ་ཐམས་ཅད་སེམས་སུ

（北京）འཁོར་ལོ་རིམ་གསུམ་བདུད་རྩི་ཆུ་རྒྱུན···གྱིས།།རགས་པ་ཕྲ་བ་ཤིན་ཏུ་ཕྲ་བ་ཡི།།དྲི་མ་གསུམ་སྦྱངས་ཆོས་སྐུའི་རང་བཞིན་མཚོན།།དྲི་བྲལ་སྟོན× དོན་སྐྱ་སྟོན་ལ་ཐམས་ཅད་···སེམས་སུ

|སྟོན། །སེམས་སུ་ཞེན་པ་སྣང་མེད་དབུ་མ་སྟོན། །སྣང་བ་སྒྱུ་ལ་ཡང་དག་སྣང་བ་ཡི། །དབུ་མ་སྟོན་མཛོད་བླ+། དམན་པ་རྣམས་ལ་རྒྱུ་འབྲས་ཆོས་རྣམས་སྟོན། ཡོད་འཛིན་ཅན་ལ་ཐམས་ཅད་སྟོང་པར|

（江孜）སྟོན།།སེམས་སུ་ཞེན་པ་སྣང་མེད་དབུ་མ་སྟོན།།སྣང་མེད་སྒྱུ་ལ་ཡང་དག་སྣང་བ་ཡི།།དབུ་མ་སྟོན་མཛོད་བླ+། དམན་པ་རྣམས་ལ་རྒྱུ་འབྲས་ཆོས་རྣམས་སྟོན། །ཡོད་འཛིན་ཅན་ལ་ཐམས་ཅད་སྟོང་པར་

（壤塘）སྟོན།།སེམས་སུ་ཞེན་པ་སྣང་མེད་དབུ་མ་སྟོན།།སྣང་མེད་སྒྱུ་ལ་ཡང་དག་སྣང་བ་ཡི།།དབུ་མ་པ་སྟོན་མཛོད་བླ་མའི་ཞབས་ལ་འདུད། །དམན་པ་རྣམས་ལ་རྒྱུ་འབྲས་ཆོས་ཙམ་སྟོན། །ཡོད་འཛིན་ཅན་ལ་ཐམས་ཅད་སྟོང་པར་

（北京）སྟོན།།སེམས་སུ་ཞེན་པ་སྣང་མེད་དབུ་མ་སྟོན།།སྣང་མེད་སྒྱུ་ལ་ཡང་དག་སྣང་བ་ཡི།།དབུ་མ་སྟོན× དམན་པ་རྣམས་ལ་རྒྱུ་ འབྲས་ཆོས་རྣམས་སྟོན། །ཡོད་འཛིན་ཅན་ལ་ཐམས་ཅད་སྟོང་པར་

|སྟོན། །ཚང་མེད་སྨྲ་ལ་འོད་གསལ་བདེ་གཤེགས་ཀྱི། །སྙིང་པོ་སྟོན་མཛོད་བླ་མའི། དབང་པོ་དམན་པ་ཉན་ཐོས་ཐེག་པ་དང་། དབང་པོ་འབྲིང་ལ་རང་རྒྱལ་ཐེག་པ་དང་། །མཆོག་ལ་ཐེག་མཆོག་རྒྱུ་དང་འབྲས་བུའི་ཚུལ། ། །མདོ་སྔགས་སྟོན……|

（江孜）སྟོན། །ཚང་མེད་སྨྲ་ལ་འོད་གསོལ་བདེ་གཤེགས་ཀྱི། སྙིང་པོ་སྟོན་མཛོད་བླ་མའི×། དབང་པོ་དམན་ལ་ཉན་ཐོས་ཐེག་པ་དང་། དབང་པོ་འབྲིང་ལ་རང་རྒྱལ་ཐེག་པ་དང་། །མཆོག་ལ་ཐེག་མཆོག་རྒྱུ་དང་འབྲས་བུའི་ཚུལ། །མདོ་སྔགས་སྟོན……

（壤塘）སྟོན། །ཚང་མེད་སྨྲ་ལ་འོད་གསལ་བདེ་གཤེགས་ཀྱི། སྙིང་པོ་སྟོན་མཛོད་བླ་མའི་ཞབས་ལ་འདུད། །དབང་པོ་དམན་ལ་ཉན་ཐོས་ཐེག་པ་དང་། །དབང་པོ་འབྲིང་ལ་རང་རྒྱལ་ཐེག་པ་དང་། །མཆོག་ལ་ཐེག་མཆོག་རྒྱུ་ དང་འབྲས་བུའི་ཚུལ། །མདོ་སྔགས་སྟོན་

（北京）སྟོན། །ཚང་མེད་སྨྲ་ལ་འོད་གསལ་བདེ་གཤེགས་ཀྱི། སྙིང་པོ་སྟོན× དབང་པོ་དམན་ལ་ཉན་ཐོས་ཐེག་པ་དང་། །དབང་པོ་འབྲིང་ལ་རང་རྒྱལ་ཐེག་པ་དང་། །མཆོག་ལ་ཐེག་མཆོག་རྒྱུ་དང་འབྲས་བུའི་ཚུལ། །མདོ་སྔགས་སྟོན

第690頁

|མཛད་བླ་མའི+། ཇི་ལྟར་བུ་ཆུང་གཞོན་ནུ་ཡང་ཆོ་རྣམས། །སྐྱོད་དང་འཚམ་པར་བ་མས་སྐྱོང་བ་ལྟར། །འཁོར་ལོ་རིམ་གསུམ་ཕྱེད་པར་གསང་སྔགས་ཀྱི། །གདུལ་བྱ་རིམ་བཞིན་སྐྱོང་མཛད་ཚེད་ལ… |

（江孜）མཛད་བླ་མའི+། ཇི་ལྟར་བུ་ཆུང་གཞོན་ནུ་ཡང་ཆོ་རྣམས། །སྐྱོད་དང་འཚམ་ པར་པ་མས་སྐྱོང་བ་ལྟར། །འཁོར་ལོ་རིམ་གསུམ་ཕྱེད་པར་གསང་སྔགས་ཀྱི། །གདུལ་བྱ་རིམ་བཞིན་སྐྱོང་མཛད་ཕྱོད་ལ་

（壤塘）མཛད་བླ་མའི་ཞབས་ལ་འདུད། །ཇི་ལྟར་བུ་ཆུང་གཞོན་ནུ་ཡང་ཆོ་རྣམས། །སྐྱོད་དང་འཚམ་ པར་པ་མས་སྐྱོང་བ་ལྟར། །འཁོར་ལོ་རིམ་གསུམ་ཕྱེད་པར་གསང་སྔགས་ཀྱི། །གདུལ་བྱ་རིམ་བཞིན་སྐྱོང་མཛད་ཕྱེད་ལ་

（北京）× ཇི་ལྟར་བུ་ཆུང་གཞོན་ནུ་ཡང་ཆོ་རྣམས། །སྐྱོད་དང་འཚམས་པར་པ་མས་སྐྱོང་བ་ལྟར། །འཁོར་ལོ་རིམ་གསུམ་ ཕྱེད་པར་གསང་སྔགས་ཀྱིས། །གདུལ་བྱ་རིམ་བཞིན་སྐྱོང་མཛད་ཕྱོད་ལ་

|འདྲ། ||ཡང་ན་དམན་པ་འབྲིང་དང་མཆོག་གི་རྒྱུ། |རྒྱུད་དང་འཚམས་པའི་ལམ་ལ་སྦྱོར་བ་ལྟར། |འཁོར་ལོ་རིམ་གསུམ་ཁྱད་པར་ཐུགས་ཀྱི་ཚུལ། |གདུལ་བྱ་རིགས་རྒྱུད་དང་འཚམས་པར་སྟོན་པ་འདྲ། ||

（江孜）འདྲ།ཡང་ན་དམན་པ་འབྲིང་དང་མཆོག་གི་བྱ།རྒྱུད་དང་འཚམས་པའི་ལམ་ལ་སྦྱོར་བ་ལྟར། |འཁོར་ལོ་རིམ་གསུམ་ཁྱད་པར་ཐུགས་ཀྱི་ཚུལ།གདུལ་བྱའི་ རྒྱུད་དང་འཚམས་པར་སྟོན་པ་འདྲ།

（壤塘）འདྲ།ཡང་ན་དམན་པ་འབྲིང་དང་མཆོག་གི་བྱ།རྒྱུད་དང་འཚམས་པའི་ལམ་ལ་སྦྱོར་བ་ལྟར།འཁོར་ལོ་རིམ་གསུམ་ཁྱད་པར་ཐུགས་ཀྱི་ཚུལ།གདུལ་བྱའི་······རྒྱུད་དང་འཚམས་པར་སྟོན་པ་འདྲ།

（北京）འདྲ།ཡང་ན་དམན་པ་འབྲིང་དང་མཆོག་གི་བྱ།རྒྱུད་དང་······འཚམས་པའི་ལམ་ལ་སྦྱོར་བ་ལྟར།འཁོར་ལོ་རིམ་གསུམ་ཁྱད་པར་ཐུགས་ཀྱི་ཚུལ།གདུལ་བྱའི་ རྒྱུད་དང་འཚམས་པར་སྟོན་པ་འདྲ།

|ཁང་བཟང་རྩུམ་རྩེག་སྟེང་དུ་འཛེག་པ་ལྟར། |འཁོར་ལོ་རིམ་གསུམ་ཁྱད་པར་གསང་ཐུགས་ཀྱི། |སངས་རྒྱས་བསྟན་པའི་ཁང་བཟང་རྩུམ་རྩེག་ལ། |རིམ་བཞིན་འཛེག་པར་སྟོན་མཛད་ཕྱིར་ལ···|

（江孜）|ཁང་བཟང་གསུམ་རྩེག་སྟེང་དུ་འཛེག་པ་ལྟར། |འཁོར་ལོ་རིམ་གསུམ་ཁྱད་པར་གསང་ཐུགས་ཀྱི། |སངས་རྒྱས་བསྟན་པའི་ཁང་བཟང་གསུམ་རྩེག་ལ།རིམ་བཞིན་འཛེག་པར་སྟོན་མཛད་ཕྱིར་ལ···

（壤塘）|ཁང་བཟང་ས་གསུམ་བརྩེགས་སྟེང་དུ་འཛེག་པ་ལྟར། |འཁོར་ལོ་རིམ་གསུམ་ཁྱད་པར་གསང་ཐུགས་ཀྱི། |སངས་རྒྱས་བསྟན་པའི་ཁང་བཟང་གསུམ···རྩེག···ལ།རིམ་བཞིན་འཛེག་པར་སྟོན་མཛད་ཕྱིར་ལ

（北京）|ཁང···བཟང་གསུམ་བརྩེགས་སྟེང་དུ་འཛེགས་པ་ལྟར། |འཁོར་ལོ་རིམ་གསུམ་ཁྱད་པར་གསང་ཐུགས་ཀྱི། |སངས་རྒྱས་བསྟན་པའི་ཁང་བཟང་གསུམ···བརྩེགས་ལ།རིམ་བཞིན་འཛེགས་པར་སྟོན་མཛད་ཕྱིར་ལ

|འདྲ།། |ཇི་ལྟར་ནོར་བུ་མཁས་ཀྱིས་ནོར་བུ་ཡི། |དྲི་མ་རིམ་གསུམ་རིམ་བཞིན་སྦྱོང་བ་ལྟར། |འཁོར་ལོ་རིམ་གསུམ་ཁྱད་པར་གསང་ཐུགས་ཀྱིས། |བདེ་གཤེགས་སྙིང་པོ་སྦྱོང་བར་སྟོན་ལ་འདྲ།།

（江孜）འདྲ།ཇི་ལྟར་ནོར་བུ་མཁན་གྱིས་ནོར་བུ་ཡི།དྲི་མ་རིམ་གསུམ་རིམ་བཞིན་སྦྱོང་བ་ལྟར།འཁོར་ལོ་རིམ་གསུམ་ཁྱད་པར་གསང་ཐུགས་ཀྱིས། |བདེ་གཤེགས་སྙིང་པོར་ སྦྱོང་བར་བསྟོན་ལ་འདྲ།

（壤塘）འདྲ།ཇི་ལར་ནོར་བུ་མཁན་གྱིས་ནོར་བུ་ཡི།དྲི་མ་རིམ་གསུམ་རིམ་བཞིན་སྦྱོང་བ་ལྟར། |འཁོར་ལོ་རིམ་གསུམ་ཁྱད་པར་གསང་ཐུགས་ཀྱིས།བདེ་གཤེགས་སྙིང་པོ་ སྦྱོང་བར་སྟོན་ལ་འདྲ།

（北京）འདྲ།ཇི་ལྟར་ནོར་བུ་མཁན་གྱིས་ནོར་བུ་ཡི།དྲི་མ་རིམ་གསུམ་རིམ་བཞིན···སྦྱོང་བ་ལྟར།འཁོར་ལོ་རིམ་གསུམ་ཁྱད་པར་གསང་ཐུགས་ཀྱིས། |བདེ་གཤེགས་སྙིང་པོ་ སྦྱོང་བར་སྟོན་ལ་འདྲ།

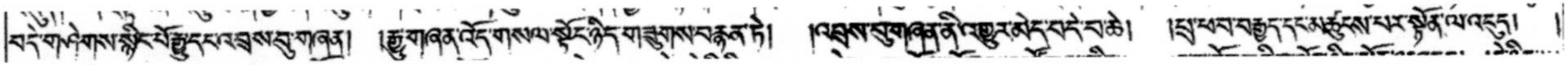

（江孜）།བདེ་གཤེགས་སྙིང་པོ་རྒྱུ་ དང་འབྲས་བུ་ གཞན།།རྒྱུ་གཞན་འོད་གསལ་སྟོང་ཉིད་གཟུགས་བརྙན་ཏེ། །འབྲས་བུ་ གཞན་ནི་འགྱུར་མེད་བདེ་བ་ཆེ། །ཐྲ་ཕབ་བརྒྱད་དང་མཚུངས་པར་སྟོན་ལ་འདུད།

（壤塘）།བེད་གཤེགས་སྙིང་པོ་རྒྱུད་དང་འབྲས་བུ་ གཞན། །རྒྱུ་གཞན་འོད་གསལ་སྟོང་ཉིད་གཟུགས་བརྙན་ཏེ། །འབྲས་བུ་ གཞན་ནི་འགྱུར་མེད་པདེ་བ་ཆེ། །ཐྲ་ཕབ་བརྒྱད་དང་མཚུངས་པར་སྟོན་ལ་འདུད།

（北京）།བདེ་གཤེགས་སྙིང་པོ་རྒྱུ་··དང་འབྲས་བུས་གཞན། །རྒྱུ་གཞན་འོད་གསལ་སྟོང་ཉིད་གཟུགས་བརྙན་ཏེ། །འབྲས་བུས་གཞན་ནི་འགྱུར་མེད་བདེ་བ་ཆེ། །ཐྲ་ཕབ་བརྒྱད་···དང་མཚུངས་པར་སྟོན་ལ་འདུད།

（江孜）།གསང་བ་གསང་ཆེན་མཁའ་ཁམས་སྣ་ཚོགས་ཡུམ། །ཆོས་འབྱུང་རྒྱ་སྐྱེས་ཧྲ་ག་སེང་གེའི་ཁྲི། །བདག་མེད་ཕག་མོ་ལ་སོགས་སྣ་ཚོགས་མེད། །དུ་མ་དོན་གཅིག་སྟོང་ཉིད་སྟོན་ལ་འདུད།།དེ་ཉིད···

（壤塘）།གསང་བ་གསང་ཆེན་མཁའ་ཁམས་སྣ་ཚོགས་ཡུམ། །ཆོས་འབྱུང་རྒྱ་སྐྱེས་ཧྲ་ག་སེང་གེའི་ཁྲི···།བདག་མེང་ཕག་མོ་ལ་སོགས་སྣ་ཚོགས་མེད། །དུ་མ་དོན་གཅིག་སྟོང་ཉིད་སྟོན་ལ་འདུད། །དེ་ཉིད

（北京）།གསང་བ་གསང་ཆེན་མཁའ་ཁམས་སྣ་ཚོགས་ཡུམ། །ཆོས་འབྱུང་རྒྱ་སྐྱེས་ཧྲ་ག་སེང་གེའི་ཁྲི། །བདག་མེད···ཕག་མོ་ལ་སོགས་སྣ་ཚོགས་མེད། །དུ་མ་ར་གཅིག་སྟོང་ཉིད་སྟོན་ལ་འདུད། །དེ་ཉིད

第691頁

（江孜）༄༅།།རྡོ་རྗེ་ཐིག་ལེ་ཧེ་རུ་ཀ།།འདུས་པ་སྡོམ་པ་ཧེ་དང་སྙིང་རྗེ་ཆེ། །དང་པོའི་སངས་རྒྱས་བྱང་ཆུབ་སེམས་སོགས་མེད། །དུ་མ་དོན་གཅིག་བདེ་ཆེན་སྟོན་ལ་འདུད། །རྡོ་རྗེ

（壤塘）རྡོརྗེ་ཐིག་ལེ་ཧེ་རུ་ཀ།།།འདུས་པ་སྡོམ་པ་ཧེ་དང་སྙིང་རྗེ་ཆེ། །དང་པོའི་སངས་རྒྱས་བྱང་ཆུབ་སེམས་སོགས་མེད། །དུ་མ་དོན་གཅིག་བདེ་ཆེན་སྟོན་ལ་འདུད། །རྡོ་རྗེ

（北京）རྡོ་རྗེ་ཐིག་ལེ་ཧེ་རུ་ཀ།།འདུས་པ་སྡོམ་པ་ཧེ་དང་སྙིང་རྗེ···ཆེ། །དང་པོའི་སངས་རྒྱས་བྱང་ཆུབ་སེམས་སོགས་མེད། །དུ་མ་དོན་གཅིག་བདེ་ཆེན་སྟོན་ལ་འདུད། །རྡོ་རྗེ

（江孜）སེམས་དཔའ་ཨེ་ཝྃ་དུས་འཁོར་ལོ། །འཁོར་ལོ་སྡོམ་པ་དགྱེས་པ་རྡོ་རྗེ་དང་།།སྒྱུ་འཕྲུལ་དྲྭ་བ་གསང་འདུས་ལ་སོགས་མེད།།དུ་མ་དོན་གཅིག་ཟུང་འཇུག་སྟོན་པ་འདུད།།ཟུང་འཇུག་དབྱེར་མེད་རོ

（壤塘）སེམས་དཔའ་ཨེ་ཝྃ་དུས་འཁོར་ལོ། །འཁོར་ལོ་སྡོམ་པ་དགྱེས་པ་རྡོ་རྗེ་དང་།།སྒྱུ་འཕྲུལ་དྲྭ་བ་གསང་འདུས་ལ་སོགས་མེད།།དུ་མ་དོན་གཅིག་ཟུང་འཇུག་སྟོན་པ་འདུད།།ཟུང་འཇུག་དབྱེར་མེད་རོ

（北京）སེམས་དཔའ་ཨེ་ཝྃ་དུས་འཁོར···ལོ། །འཁོར་ལོ་སྡོམ་པ་དགྱེས་པ་རྡོ་རྗེ་དང་།།སྒྱུ་འཕྲུལ་དྲྭ་བ་གསང་འདུས་ལ་སོགས་མེད།།དུ་མ་དོན་གཅིག་ཟུང་འཇུག་སྟོན་པ་འདུད།།ཟུང་འཇུག་དབྱེར་མེད་རོ

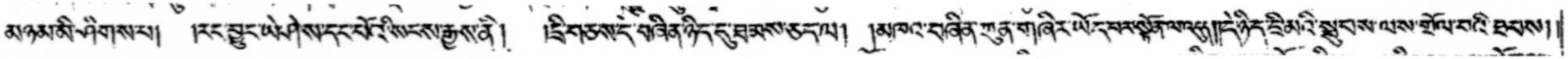

（江孜）མཉམ་མི་ཞིགས་པ།གསང་ཟུང་ཡེ་ཤེས་དང་དང་པོའི་སངས་རྒྱས་ནི།།དེ་བཅས་དེ་བཞིན་ཉིད་དུ་ཐམས་ཅད་ལ།མཁའ་བཞིན་ཀུན་གཞིར་ཡོད་པར་སྟོན་པ་འདུད།།དེ་ཉིད་དྲི་མའི་སྒྲུབས་ལས་གྲོལ་བའི་ཐབས།

（壤塘）མཉམ་མི་ཞིགས་པ།གསང་ཟུང་ཡེ་ཤེས་དང་དང་པོ་སངས་རྒྱས་ནི།།དེ་བཅས་དེ་བཞིན་ཉིད་དུ་ཐམས་ཅད་ལ།མཁའ་བཞིན་ཀུན་གཞིར་ཡོད་པར་སྟོན་པ་འདུད།།དེ་ཉིད་དྲི་མའི་སྒྲུབས་ལས་གྲོལ་བའི་ཐབས།

（北京）མཉམ་མི་ཞིགས་པ།གསང་ཟུང་ཡེ་ཤེས་དང་དང་པོའི་སངས་རྒྱས་ནི།།དེ་བཅས་དེ་བཞིན་ཉིད་དུ་ཐམས་ཅད་ལ།མཁའ···བཞིན་ཀུན་གཞིར་ཡོད་པར་སྟོན་པ་འདུད།།དེ་ཉིད་དྲི་མའི་སྒྲུབས་ལས་གྲོལ་བའི་ཐབས།

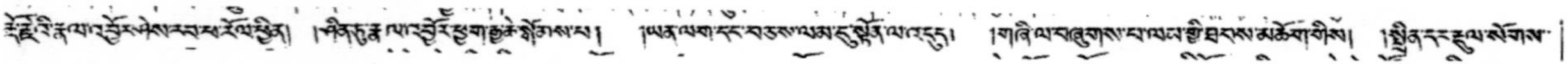

（江孜）།རྡོ་རྗེའི་རྣལ་འབྱོར་ཤེས་རབ་ཕ་རོལ་ཕྱིན།།ཤིན་དུ་རྣལ་འབྱོར་ཕྱག་རྒྱ་ཆེ་སྒོམས་པ།ཡན་ལག་དང་བཅས་ལམ་དུ་སྟོན་པ་འདུད། །གཞི་ལ་བཞུགས་པ་ལམ་གྱི་ཐབས་མཆོག་གིས།།སྒྲིབ་དང་རྟུལ་སོགས་

（壤塘）།རྡོ་རྗེའི་རྣམ་འབྱོར་ཤེས་རབ་ཕ་རོལ་ཕྱིན།།ཤིན་དུ་རྣལ་འབྱོར་ཕྱག་རྒྱ་ཆེ་སྒོམས་པ།ཡན་ལག་དང་བཅས་ལམ་དུ་སྟོན་པ་འདུད། །གཞི་ལ་བཞུགས་པ་ལམ་གྱི་ཐབས་མཆོག་གིས།།སྒྲིབ་དང་རྟུལ་སོགས་

（北京）།རྡོ་རྗེའི་རྣལ་འབྱོར་ཤེས་རབ་ཕ་རོལ་ཕྱིན།།ཤིན་དུ་རྣལ་འབྱོར་ཕྱག་རྒྱ་ཆེ་སྒོམས་པ།ཡན་ལག་དང་བཅས་ལམ་དུ་སྟོན་པ་འདུད། །གཞི་ལ་བཞུགས་པ་ལམ་གྱི་ཐབས་མཆོག་གིས།།སྒྲིབ་དང་···རྟུལ་སོགས་

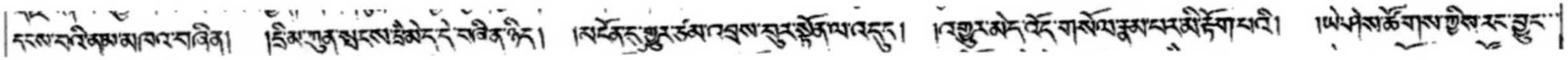

（江孜）དངས་པའི་ནམ་མཁའ་བཞིན།།དྲི་མ་ཀུན་སྤངས་དྲི་མེད་དེ་བཞིན་ཉིད།།མངོན་དུ་གྱུར་ཙམ་འབྲས་བུར་སྟོན་ལ་འདུད།།འགྱུར་མེད་འོད་གསོལ་རྣམ་པར་མི་རྟོག་པའི།།ཡེ་ཤེས་ཚོགས་ཀྱིས་རང་བྱུང…

（壤塘）སངས་པའི་ནམ་མཁའ་བཞིན།།དྲི་མ་ཀུན་སྤངས་དྲི་མེད་དེ་བཞིན་ཉིད།།མངོན་དུ་གྱུར་ཙམ་འབྲས་བུར་སྟོན་ལ་འདུད།།འགྱུར་མེད་འོད་གསལ་རྣམ་པར་མི་རྟོག་པའི།།ཡེ་ཤེས་ཚོགས་ཀྱིས་རང་བྱུང

（北京）དངས་པའི་ནམ་མཁའ་བཞིན།།དྲི་མ་ཀུན་སྤངས་དྲི་མེད་དེ་བཞིན་ཉིད།།མངོན་དུ་གྱུར་ཙམ་འབྲས་བུར་སྟོན་ལ་འདུད།།འགྱུར…མེད་འོད་གསལ་རྣམ་པར་མི་རྟོག་པའི།།ཡེ་ཤེས་ཚོགས་ཀྱིས་རང་བྱུང

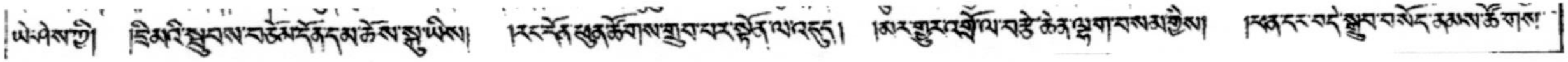

（江孜）ཡེ་ཤེས་ཀྱི།།དྲི་མའི་སྦྲུབས་བཅོམ་དོན་དམ་ཆོས་སྐུ་ཡིས།།རང་དོན་ཕུན་ཚོགས་གྲུབ་པར་སྟོན་ལ་འདུད། །མར་གྱུར་ འགྲོ་ལ་བརྩེ་ཆེན་ལྷག་བསམ་གྱིས།།གཞན་དང་བདེ་སྦྲུབ་བསོད་ནམས་ཚོགས…

（壤塘）ཡེ་ཤེས་ཀྱི།།དྲི་མ་འི་སྦྲུབས་བཅོམ་དོན་དམ་ཆོས་སྐུ་ཡིས།།རང་དོན་ཕུན་ཚོགས་གྲུབ་པར་སྟོན་ལ་འདུད། །མ་རྟོགས་འགྲོ་ལ་བརྩེ་ཆེན་ལྷག་བསམ་གྱིས།།གཞན་དང་བདེ་སྦྲུབ་བསོད་ནམས་ཚོགས

（北京）ཡེ་ཤེས་ཀྱི།།དྲི་མའི་སྦྲུབས་བཅོམ་དོན་དམ་ཆོས་སྐུ་ཡིས།།རང་དོན…ཕུན་ཚོགས་གྲུབ་པར་སྟོན་ལ་འདུད། །མར་གྱུར་འགྲོ་བ་བརྩེ་ཆེན་ལྷག་བསམ་གྱིས།།གཞན་དང་བདེ་སྦྲུབ་བསོད་ནམས་ཚོགས

第692頁

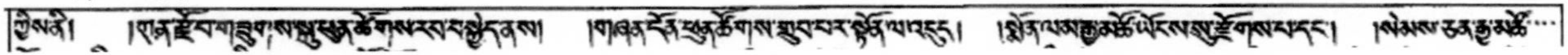

（江孜）ཀྱིས་ནི། །ཀུན་རྫོབ་གཟུགས་སྐུ་ཕུན་ཚོགས་རབ་བསྐྱེད་ནས། །གཞན་དོན་ཕུན་ཚོགས་གྲུབ་པར་སྟོན་ལ་འདུད། །སྨོན་ལམ་རྒྱ་མཚོ་ཡོངས་སུ་རྫོགས་པ་དང་། །སེམས་ཅན་རྒྱ་མཚོ…

（壤塘）ཀྱིས་ནི། །ཀུན་རྫོབ་གཟུགས་སྐུ་ཕུན་ཚོགས་རབ་བསྐྱེད་ནས། །གཞན་དོན་ཕུན་ཚོགས་འགྲུབ་པར་སྟོན་ལ་འདུད། །སྨོན་ལམ་རྒྱ་མཚོ་ཡོངས་སུ་རྫོགས་པ་དང་། །སེམས་ཅན་རྒྱ་ཚོ

（北京）ཀྱིས་ནི། །ཀུན…རྫོབ་གཟུགས་སྐུ་ཕུན་ཚོགས་རབ་བསྐྱེད་ནས། །གཞན་དོན་ཕུན་ཚོགས་འགྲུབ་པར་སྟོན་ལ་འདུད། །སྨོན་ལམ་རྒྱ་མཚོ་ཡོངས་སུ་རྫོགས་པ་དང་། །སེམས་ཅན་རྒྱ་མཚོ

|ཡོངས་སུ་སྨིན་པ་དང་། |ཞིང་ཁམས་རྒྱ་མཚོ་ཡོངས་སུ་དག་བྱས་ནས། |ཡང་དག་མཐའ་ལ་ཐིམ་པར་སྟོན་ལ་འདུད། |ཐུམ་བཟང་ཉི་མ་ནོར་བུ་དངས་པ་བསམ་ཤིང་། |ཀླུ་ཡི་ཛ་བཞིན་མི་འབད་མི་རྟོག|

(江孜) ཡོངས་སུ་སྨིན་པ་དང་། ཞིང་ཁམས་རྒྱ་མཚོ་ཡོངས་སུ་དག་བྱས་ནས། ཡང་དག་མཐའ་ལ་ཐིམ་པར་སྟོན་ལ་འདུད། ཐུམ་བཟང་ཉི་མ་ནོར་བུ་དངས་པ་བསམ་ཤིང་། ཀླུ་ཡི་ཛ་བཞིན་མི་འབད་མི་རྟོག

(壤塘) ཡོངས་སུ་སྨིན་པ་དང་། ཞིང་ཁམས་རྒྱ་མཚོ་ཡོངས་སུ་དག་བྱས་ནས། ཡང་དག་མཐའ་ལ་ཐིམ་པར་སྟོན་ལ་འདུད། ཐུམ་བཟང་ཉི་མ་ནོར་བུ་དངས་པ་བསམ་ཤིང་། ཀླུ་ཡི་ཛ་བཞིན་མི་འབད་མི་རྟོགས་

(北京) ཡོངས་སུ་སྨིན་པ་དང་། ཞིང་རྣམས་རྒྱ་མཚོ་ཡོངས་སུ་དག་བྱས་ནས། ཡང་དག་མཐའ་ལ་ཐིམ་པར་སྟོན་ལ་འདུད། ཐུམ་བཟང་ཉི་མ་ནོར་བུ་དངས་པ་བསམ་ཤིང་། ཀླུ་ཡི་ཛ་བཞིན་མི་འབད་མི་རྟོག

|ཀྱང་། |སྔོན་གྱི་འཕེན་པས་གཞན་ཕན་ལྷུན་གྲུབ་ཏུ། |ཕྱོགས་དུས་ཀུན་ཏུ་འབྱུང་བར་སྟོན་ལ་འདུད། |ཆོས་འཁོར་མཐར་ཐུག་འཁོར་ལོ་ཐ་མ་ལ། |ཐེག་པའི་མཐར་ཐུག་ཐེག་པ་ཆེན་པོ་དང་། |ཐེག་ཆེན་མཐར|

(江孜) ཀྱང་། སྔོན་གྱི་འཕེན་པས་གཞན་ཕན་ལྷུན་གྲུབ་ཏུ། ཕྱོགས་དུས་ཀུན་ཏུ་འབྱུང་བར་སྟོན་ལ་འདུད། ཆོས་འཁོར་མཐར་ཐུག་འཁོར་ལོ་ཐ་མ་ལ། ཐེག་པའི་མཐར་ཐུག་ཐེག་པ་ཆེན་པོ་དང་། ཐེག་ཆེན་མཐར

(壤塘) ཀྱང་། སྔོན་གྱི་འཕེན་པས་གཞན་ཕན་ལྷུན་གྲུབ་ཏུ། ཕྱོགས་དུས་ཀུན་ཏུ་འབྱུང་བར་སྟོན་ལ་འདུད། ཆོས་འཁོར་མཐར་ཐུག་འཁོར་ལོ་ཐ་མ་དང་། ཐེག་པའི་མཐར་ཐུག་ཐེག་པ་ཆེན་པོ་དང་། ཐེག་ཆེན་མཐར

(北京) ཀྱང་། སྔོན་གྱི་འཕེན་པས་གཞན་ཕན་ལྷུན་གྲུབ་ཏུ། ཕྱོགས་དུས་···ཀུན་ཏུ་འབྱུང་བར་སྟོན་ལ་འདུད། ཆོས་འཁོར་མཐར་ཐུག་འཁོར་ལོ་ཐ་མ་དང་། ཐེག་པའི་མཐར་ཐུག་ཐེག་པ་ཆེན་པོ་དང་། ཐེག་ཆེན་···མཐར

ཐུག་སྙིང་པོའི་ཐེག་པ་དང་། |སྙིང་པོའི་མཐར་ཐུག་བདེ་ཆེན་སྟོན་ལ་འདུད། |བསྟན་པའི་མཐར་ཐུག་ཐེག་པ་ཆེན་པོ་དང་། |ཐེག་ཆེན་མཐར་ཐུག་ཐུགས་ཀྱི་ཐེག་པ་དང་། |ཐུགས་ཀྱི་མཐར་ཐུག···|

(江孜) ཐུག་སྙིང་པོའི་ཐེག་པ་དང་། སྙིང་པོའི་མཐར་ཐུག་བདེ་ཆེན་སྟོན་ལ་འདུད། བསྟན་པའི་མཐར་ཐུག་ཐེག་པ་ཆེན་པོ་དང་། ཐེག་ཆེན་མཐར་ཐུག་ཐུགས་ཀྱི་ཐེག་པ་དང་། ཐུགས་ཀྱི་མཐར་ཐུག···

(壤塘) ཐུག་སྙིང་པོའི་ཐེག་པ་དང་། སྙིང་པོའི་མཐར་ཐུག་བདེ་ཆེན་སྟོན་ལ་འདུད། བསྟན་པའི་མཐར་ཐུག་ཐེག་པ་ཆེན་པོ་དང་། ཐེག་ཆེན་མཐར་ཐུག་ཐུགས་ཀྱི་ཐེག་པ་དང་། ཐུགས་ཀྱི···མཐར་ཐུག་

(北京) ཐུག་སྙིང་པོའི་ཐེག་པ་དང་། སྙིང་པོའི་མཐར་ཐུག་བདེ་ཆེན་སྟོན་ལ་འདུད། བསྟན་པའི་མཐར་ཐུག་ཐེག་པ་ཆེན་པོ་དང་། ཐེག···ཆེན་མཐར་ཐུག་ཐུགས་ཀྱི་ཐེག་པ་དང་། ཐུགས་ཀྱི་མཐར་ཐུག་

（江孜）དུས་ཀྱི་འཁོར་ལོ་དང་། །དུས་འཁོར་མཐར་ཐུག་བདེ་སྟོང་སྟོན་ལ་འདུད། །གྲུབ་མཐའི་མཐར་ཐུག་དབུ་མ་ཆེན་པོ་དང་། །དབུ་མའི་མཐར་ཐུག་སྐྱེ་མེད་མཐའ་བྲལ་དང་། །མཐའ་བྲལ་མཐར་
（壤塘）དུས་ཀྱི་འཁོར་ལོ་དང་། །དུས་འཁོར་མཐར་ཐུག་བདེ་སྟོང་སྟོན་ལ་འདུད། །གྲུབ་མཐའི་མཐར་ཐུག་དབུ་མ་ཆེན་པོ་དང་། །དབུ་མའི་མཐར་ཐུག་སྐྱེ་མེད་མཐའ་བྲལ་དང་། །མཐའ་བྲལ་མཐར་
（北京）དུས་ཀྱི་འཁོར་ལོ་དང་། །དུས་འཁོར་མཐར་ཐུག་བདེ་སྟོང་སྟོན་ལ་འདུད། །གྲུབ་་མཐའི་མཐར་ཐུག་དབུ་མ་ཆེན་པོ་དང་། །དབུ་མའི་མཐར་ཐུག་སྐྱེ་མེད་མཐའ་བྲལ་དང་། །མཐའ་བྲལ་མཐར་

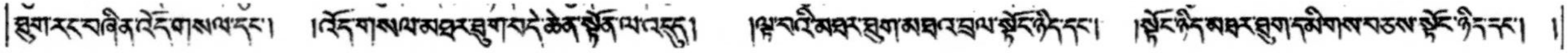

（江孜）ཐུག་རང་བཞིན་འོད་གསལ་དང་། །འོད་གསལ་མཐར་ཐུག་བདེ་ཆེན་སྟོན་ལ་འདུད། །ལྟ་བའི་མཐར་ཐུག་མཐའ་བྲལ་སྟོང་ཉིད་དང་། །སྟོང་ཉིད་མཐར་ཐུག་དམིགས་བཅས་སྟོང་ཉིད་དང་།
（壤塘）ཐུག་རང་བཞིན་འོད་གསལ་དང་། །འོད་གསལ་མཐར་ཐུག་བདེ་ཆེན་སྟོན་ལ་འདུད། །ལྟ་བའི་མཐར་ཐུག་མཐའ་བྲལ་སྟོང་ཉིད་དང་། །སྟོང་ཉིད་མཐར་ཐུག་དམིགས་བཅས་སྟོང་ཉིད་དང་།
（北京）ཐུག་རང་བཞིན་འོད་གསལ་དང་། །འོད་གསལ་མཐར་ཐུག་བདེ་ཆེན་སྟོན་ལ་འདུད། །ལྟ་བའི་མཐར་ཐུག་མཐའ་བྲལ་སྟོང་ཉིད་དང་། །སྟོང་ཉིད་མཐར་ཐུག་དམིགས་བཅས་སྟོང་ཉིད་དང་།

第693頁

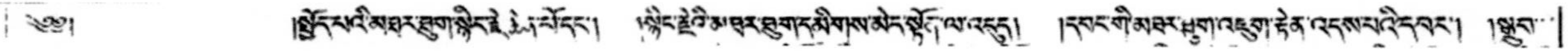

（江孜）༄༅། །སྤྱོད་པའི་མཐར་ཐུག་སྙིང་རྗེ་ ཆེན་པོ་དང་།།སྙིང་རྗེའི་མཐར་ཐུག་དམིགས་མེད་སྟོན་ལ་འདུད།།དབང་གི་མཐར་ཐུག་འཇུག་རྟེན་འདས་པའི་དབང་།།སྒྲུབ་
（壤塘）།སྤྱོད་པའི་མཐར་ཐུག་སྙིང་རྗེ་ཆེན་པོ་དང་། །སྙིང་རྗེའི་མཐར་ཐུག་ དམིགས་མེད་སྟོན་ལ་འདུད།།དབང་གི་མཐར་ཐུག་འཇིག་རྟེན་འདས་པའི་དབང་།།བསྒྲུབ་
（北京）།སྤྱོད་པའི་མཐར་ཐུག་སྙིང་རྗེ་ཆེན་པོ་དང་། །སྙིང་རྗེའི་མཐར་ཐུག་དམིགས་མེད་སྟོན་ལ་འདུད།།དབང་གི་མཐར་ཐུག་་་འཇིག་རྟེན་འདས་པའི་དབང་།། སྒྲུབ་

པའི་མཐར་ཐུག་རྫོགས་རིམ་ངེས་པའི་དོན། །དངོས་གྲུབ་མཐར་ཐུག་མཆོག་གི་དངོས་གྲུབ་ཆེ། །སློབ་མའི་མཐར་ཐུག་དོན་དུ་སྟོན་ལ་འདུད། །དཀྱིལ་འཁོར་མཐར་ཐུག་རང་བཞིན་འོད་གསལ་མཆོག

（江孜）པའི་མཐར་ཐུག་རྫོགས་རིམ་ངེས་པའི་དོན། །དངོས་གྲུབ་མཐར་ཐུག་མཆོག་གི་དངོས་གྲུབ་ཆེ། །སློབ་མའི་མཐར་ཐུག་དོན་དུ་སྟོན་ལ་འདུད། །དཀྱིལ་འཁོར་མཐར་ཐུག་རང་བཞིན་འོད་གསལ་མཆོག།

（壤塘）པའི་མཐར་ཐུག་རྫོགས་རིམ་ངེས་པའི་དོན། །དངོས་གྲུབ་མཐར་ཐུག་མཆོག་གི་དངོས་གྲུབ་ཆེ། །སློབ་མའི་མཐར་ཐུག་དོན་དུ་སྟོན་ལ་འདུད། །དཀྱིལ་···འཁོར་མཐར་ཐུག་རང་བཞིན་འོད་གསལ་མཆོག

（北京）པའི་མཐར་ཐུག་རྫོགས་རིམ་ངེས་པའི་དོན། །དངོས་གྲུབ་མཐར་ཐུག་མཆོག་གི་དངོས་གྲུབ་ཆེ། །སློབ་···མའི་མཐར་ཐུག་དོན་དུ་སྟོན་ལ་འདུད། །དཀྱིལ་འཁོར་མཐར་ཐུག་རང་བཞིན་འོད་གསལ་མཆོག།

ལྷ་ཡི་མཐར་ཐུག་བདེ་སྟོང་ཡེ་ཤེས་སྐུ། །ཕྱག་རྒྱའི་མཐར་ཐུག་འོད་གསལ་ཕྱག་རྒྱ་ཆེ། །སྔགས་ཀྱི་མཐར་ཐུག་ཡིད་སྐྱོབ་སྟོན་ལ་འདུད། །གཞི་ཡི་མཐར་ཐུག་དྲི་བཅས་དེ་བཞིན་ཉིད། །ལམ་གྱི།

（江孜）ལྷ་ཡི་མཐར་ཐུག་བདེ་སྟོང་ཡེ་ཤེས་སྐུ། །ཕྱག་རྒྱའི་མཐར་ཐུག་འོད་གསལ་ཕྱག་རྒྱ་ཆེ། །སྔགས་ཀྱི་ མཐར་ཐུག་ཡིད་སྐྱོབ་སྟོན་ལ་འདུད། །གཞི་ཡི་མཐར་ཐུག་དྲི་བཅས་དེ་བཞིན་ཉིད། །ལམ་གྱི་

（壤塘）།ལྷ་ཡི་མཐར་ཐུག་བདེ་སྟོང་···ཡེ་ཤེས་སྐུ། །ཕྱག་རྒྱའི་མཐར་ཐུག་འོད་གསལ་ཕྱག་རྒྱ་ཆེ། །གསང་སྔགས་མཐར་ཐུག་ཡིད་སྐྱོབ་སྟོན་ལ་འདུད། །གཞི་ཡི་མཐར་ཐུག་དྲི་བཅས་དེ་བཞིན་ཉིད། །ལམ་གྱི་

（北京）ལྷ་ཡི་མཐར་ཐུག་བདེ་སྟོང་ཡེ་ཤེས་སྐུ། །ཕྱག་···རྒྱའི་མཐར་ཐུག་འོད་གསལ་ཕྱག་རྒྱ་ཆེ། །སྔགས་ཀྱི་ མཐར་ཐུག་ཡིད་སྐྱོབ་སྟོན་ལ་འདུད། །གཞི་ཡི་མཐར་ཐུག་དྲི་བཅས་དེ་བཞིན་ཉིད། །ལམ་···གྱི་

།མཐར་ཐུག་སྦྱོར་བ་ཡན་ལག་དྲུག །འབྲས་བུའི་མཐར་ཐུག་བྲལ་འབྲས་དེ་བཞིན་ཉིད། །ཆོས་ཀྱི་མཐར་ཐུག་རྫོགས་པར་སྟོན་ལ་འདུད། །བསྟན་པ་སྤྱི་འགྲེལ་ཞེས་བྱ་བའི་གསོལ་འདེབས་འདི། །ཆོས་རྗེ།

（江孜）མཐར་ཐུག་སྦྱོར་བ་ཡན་ལག་དྲུག །འབྲས་བུའི་མཐར་ཐུག་བྲལ་འབྲས་དེ་བཞིན་ཉིད། །ཆོས་ཀྱི་མཐར་ཐུག་རྫོགས་པར་སྟོན་ལ་འདུད།། བསྟན་པ་སྤྱི་འགྲེལ་ཞེས་བྱ་བའི་གསོལ་འདེབས་འདི། །ཆོས་རྗེ་

（壤塘）མཐར་ཐུག་སྦྱོར་བ་ཡན་ལག་དྲུག །འབྲས་བུའི་མཐར་ཐུག་བྲལ་འབྲས་དེ་བཞིན་ཉིད། །ཆོས་ཀྱི་མཐར་ཐུག་རྫོགས་པར་སྟོན་ལ་འདུད།།ཞེས······བསྟན་པ་སྤྱི་འི་འགྲེལ་ཞེས་བྱ་བ་གསོལ་ཨ་འདེབས་པའི···ཚིག་སུ་བཅད་པ་འདི་ནི་

（北京）མཐར་ཐུག་སྦྱོར་བ་ཡན་ལག་དྲུག །འབྲས་བུའི་མཐར་ཐུག་བྲལ་འབྲས་དེ་བཞིན་ཉིད། །ཆོས་ཀྱི་མཐར་ཐུག་རྫོགས་པར་སྟོན་ལ་འདུད།། བསྟན་པ་སྤྱི་འགྲེལ་ཞེས་བྱ་བའི་གསོལ་འདེབས་འདི་ ཆོས་རྗེ་

|བླ་མ་དམ་པ་རྣམས་ཀྱི་ཞབས་དྲུང་དུ་ཕྱུར་པ། །ཤེས་རབ་རྒྱལ་མཚན་དཔལ་བཟང་པོས་བསྒྲིགས་པའོ། །དགེ་བ་འདི་ཡིས་བདག་དང་སེམས་ཅན་ཀུན། །བྲལ་འབྲས་དོན་དམ་ཆོས་སྐུ་མངོན་གྱུར་ནས། །བསྐྱེད···|

（江孜）བླ་མ་དམ་པ་རྣམས་ཀྱི་ཞབས་དྲུང་དུ་ཕྱུར་པ།།ཤེས་རབ་རྒྱལ་མཚན་དཔལ་བཟང་པོས་བསྒྲིགས་པའོ།།དགེ་བ་འདི་ཡིས་བདག་དང་སེམས་ཅན་ཀུན།།བྲལ་འབྲས་དོན་དམ་ཆོས་སྐུ་མངོན་གྱུར་ནས།།བསྐྱེད···

（壤塘）བླ་མ་དམ་པ་རྣམས་ཀྱི་ཞབས་དྲུང་དུ་ཕྱུར་པ་ཤེས་རབ་རྒྱལ་མཚན་དཔལ་བཟང་པོས་བཀོད་ པའོ།།དགེ་བ་འདི་ཡིས་བདག་དང་སེམས་ཅན་ཀུན།།བྲལ་འབྲས་དོན་དམ་ཆོས་སྐུ་མངོན་གྱུར་ནས།།བསྐྱེད་

（北京）བླ་མ་དམ་པ་རྣམས་ཀྱི་ཞབས་དྲུང་དུ་ཕྱུར་པ་ ཤེས་རབ་རྒྱལ་མཚན་དཔལ་བཟང་པོས་བསྒྲིགས་པའོ། （此後無）

|འབྲས་ཀུན་རྫོབ་གཟུགས་སྐུ་རྣམ་གཉིས་ཀྱིས། །འཁོར་བ་སྲིད་དུ་གཞན་དོན་བྱེད་པར་ཤོག །ཇི་སྲིད་དེ་མ་ཐོབ་པ་དེ་སྲིད་དུ། །འཁོར་ལོ་རིམ་གསུམ་ཁྱུད་པར་གསང་སྔགས་ཀྱིས། །རང་གཞན་བདེ་|

（江孜）འབྲས་ཀུན་རྫོབ་གཟུགས་སྐུ་རྣམ་གཉིས་ཀྱིས། །འཁོར་བ་སྲིད་དུ་གཞན་དོན་བྱེད་པར་ཤོག །ཇི་སྲིད་དེམ་ཐོབ་པ་དེ་སྲིད་དུ། །འཁོར་ལོ་རིམ་གསུམ་ཁྱུད་པར་གསང་སྔགས་ཀྱིས། །རང་གཞན་བདེ་

（壤塘）འབྲས···ཀུན་རྫོབ་གཟུགས་སྐུ་རྣམ་གཉིས་ཀྱིས། །འཁོར་བ་སྲིད་དུ་གཞན་དོན་བྱེད་པར་ཤོག །ཇི་སྲིད་དེ་མཐོབ་པ་དེ་སྲིད་དུ། །འཁོར་ལོ་རི་མ་གསུམ་ཁྱུད་པར་གསང་སྔགས་ཀྱིས། །རང་གཞན་བདེ་

（北京）無

第694頁

|གཤེགས་སྙིང་པོའི་དྲི་མ་རྣམས། །རིམས་བཞིན་སྦྱོང་ལ་རྟག་ཏུ་བརྩོན་པར་ཤོག། ། [illegible] [illegible] |[illegible]|

（江孜）གཤེགས་སྙིང་པོའི་དྲི་མ་རྣམས།།རིམས་བཞིན་སྦྱོང་ལ་རྟག་ཏུ་བརྩོན་པར་ཤོག།

（壤塘）གཤེགས་སྙིང་པོའི་དྲི་མ་རྣམས།རིམ་བཞིན་སྦྱོང་ལ་རྟག་ཏུ་བརྩོན་པར་ཤོག།།མངྒ་ལཾ།། ཕན་ཏུ།།

國家圖書館出版品預行編目資料(CIP)

佛教總釋 A general explanation of buddha's teaching／
(元) 篤補巴·喜饒堅贊帕桑波著；韓芝如譯.
-- 初版.--[台北市]；韓芝如，2022.09
面；　公分.
譯自 བསྟན་པ་སྤྱི་འགྲེལ་ཞེས་བྱ་བའི་གསོལ་འདེབས།
(Bstan pa spyi 'grel zhes bya ba'i gsol 'debs)
中英藏對照
ISBN 978 - 626 - 01 - 0550 - 1 (平裝)
1. 藏傳佛教 2. 佛教修持 3. 佛教教理
226.965　　111014977

(大陸簡體版圖書在版編目數據)
佛教總釋：藏文／(元) 篤補巴·喜饒堅贊帕桑波著；羅肇基
(本名韓芝如)譯. -- 拉薩：西藏藏文古籍出版社, 2020
ISBN 978 - 7 - 5700 - 0465 - 2
I·①佛... II·①篤... ②羅... III·①喇嘛宗—佛經
—藏語 IV. ①B946.6
中國版本圖書館 CIP 數據核字(2020)第 209356 號

佛教總釋

(元) 篤補巴·喜饒堅贊帕桑波 著　　韓芝如教授 譯

責任編輯　雄努洛桑

出　版　西藏藏文古籍出版社
版　次　繁體版 2022 年 9 月初版 1 刷　2022 年 10 月2 刷
2022 年 12月二版 1 刷
(簡體版 2022 年 6 月第 2 版　2022 年 7 月第 2 次印刷)
書　號　ISBN 978 - 626 - 01 - 0550 - 1
定　價　新台幣 400 元

本書一切責任由譯者一人負擔，一切功德迴向給一切衆生。

若有任何指教、分享，請聯絡譯者： seajayhan@gmail.com。
網站：www.jonangdharma.org
Youtube 頻道： https://www.youtube.com/@JonangDharma

本書非營利，已由善心人士助印捐贈各大圖書館流通，歡迎各界前往免費借閱。
若有衆生想閱讀本書，但無力購買，請聯絡譯者免費贈閱。